Zorgen delen

Jolanda Keesom
Klaas Kooijman

Zorgen delen

Zorgwekkende opvoedingssituaties
met ouders bespreken
in de jeugdgezondheidszorg

NIZW Jeugd

uitgeverij
SWP

Peda

Eerste druk 2002, tweede en derde druk 2003 (ISBN 90 5050 987 8)
Vierde gewijzigde druk 2006

Zorgen delen
Zorgwekkende opvoedingssituaties met ouders bespreken
in de jeugdgezondheidszorg
Jolanda Keesom en Klaas Kooijman

ISBN 90 8560 035 9
NUR 847

Een handreiking

Artsen en verpleegkundigen hebben wel eens moeite hun ernstige zorgen over de opvoedingssituatie, waaronder vermoedens van kindermishandeling of verwaarlozing, met ouders te bespreken. Dat blijkt uit diverse recente studies binnen de jeugdgezondheidszorg (Baeten, Ten Berge e.a. 2001; Van Leerdam, Kooijman e.a. 2002; LVT / LC OKZ 2002).

Tegelijkertijd is het duidelijk dat de jeugdgezondheidszorg een specifieke taak heeft in het vroegtijdig signaleren en ter sprake brengen van kindermishandeling en – meer in het algemeen – van zorgwekkende opvoedingssituaties.

Voor het voeren van gesprekken met ouders gericht op het 'delen van zorgen' zijn de afgelopen jaren diverse cursussen en trainingen ontwikkeld en binnen de jeugdgezondheidszorg uitgevoerd. Een goede zaak, want dit aanbod voorziet in de behoefte van uitvoerend werkers aan permanente educatie en oefening. Daarnaast zijn in diverse handleidingen en protocollen – beknopte – adviezen voor gespreksvoering te vinden. Tot nu toe ontbrak het echter aan een uitgebreidere schriftelijke handreiking over de praktische mogelijkheden en dilemma's binnen de jeugdgezondheidszorg voor het voeren van dit soort gesprekken met ouders. Welke aanknopingspunten zijn er voor dergelijke gesprekken, bijvoorbeeld vanuit het consultatiebureau? Welke voorbereidingen zouden voor die gesprekken getroffen moeten worden? Waar moet op gelet worden bij de uitvoering? En aan welke organisatorische voorwaarden moet worden voldaan?

Met het beantwoorden van deze vragen willen we met deze publicatie met name artsen en verpleegkundigen in de jeugdgezondheidszorg een handreiking bieden. Daarbij komen zaken aan de orde die ook voor anderen die met jonge kinderen en hun ouders werken herkenbaar en bruikbaar zullen zijn.

Met dank aan

Bij de voorbereiding van deze publicatie is gebruikgemaakt van de ervaringen en inzichten van trainers en inhoudelijk deskundigen op dit terrein. Wij danken degenen die in interviews hun kennis met ons wilden delen. In alfabetische volgorde zijn dat: Jo Caris, Annet Dekker, Marga Haagmans, Frouwke Ipema, Dorothee van Kammen, Monika Kooij, Peter Kooij, Ingrid Leeuwenburgh, Peter Naaktgeboren, Patricia Ohlsen, Anja Roosendaal en medewerkers van de video-interactiebegeleiding van Thuiszorg Eindhoven. Zonder hun medewerking had deze publicatie niet tot stand kunnen komen. Ook danken wij Wil van der Bent, Ria de Jong, Alice Parie, Bert Prinsen, José van den Putte en Adrie Wolzak voor hun commentaar op de tekst.

Utrecht, april 2002
Jolanda Keesom
Klaas Kooijman

Inhoud

'Hij moet weten wie hier de baas is' 57

De kracht van de jeugdgezondheidszorg

Artsen en verpleegkundigen die werken op consultatiebureaus of scholen, spelen een bijzondere rol in het leven van ouders en kinderen. Zij zien kinderen vaak vanaf hun eerste levensjaar, krijgen een goede indruk van hun ontwikkeling en verzamelen in de loop van de tijd ook informatie over de opvoedingssituatie thuis. Ook hebben ze de gelegenheid om ouders advies en voorlichting te geven.

Vergeleken met bijvoorbeeld de kinderopvang hebben werkers in de jeugdgezondheidszorg weliswaar geen dagelijks en langdurig contact met ouders en kinderen, maar hebben ze in principe wel vanaf de geboorte met álle kinderen en hun ouders te maken. Dat geeft hun een unieke mogelijkheid problemen in de ontwikkeling van kinderen te signaleren en hun zorgen daarover met ouders te delen, dan wel ouders zelf hun zorgen te laten uitspreken.

Voorkomen is beter

De jeugdgezondheidszorg kan een belangrijke rol spelen in het voorkomen en aanpakken van kindermishandeling. Artsen en verpleegkundigen kunnen signaleren wanneer de behoeften van kinderen onvoldoende vervuld worden om een gezonde ontwikkeling mogelijk te maken. Door tijdig op deze signalen te reageren kan de jeugdgezondheidszorg de schadelijke effecten van gecompliceerde of tekortschietende opvoeding helpen voorkomen of beperken. Tussen optimale opvoedingsomstandigheden en verwaarlozing of mishandeling ligt een groot grijs gebied. In de praktijk blijkt het vaak moeilijk te bepalen wanneer een

9

signaal ernstig genoeg is om daar tegenover de ouders 'werk van te maken'. Als arts of verpleegkundige wil je ouders niet zomaar beschuldigen van kindermishandeling. Toch is het ook geen oplossing om verontrustende aanwijzingen te negeren, ook al zijn ze vaag. Een goed gesprek met ouders kan veel duidelijk maken, maar dan moet je wel de juiste aanleiding en toon vinden.

Opzet van deze publicatie

Om te beginnen wordt in deze publicatie duidelijk gemaakt waarom het belangrijk is dat werkers in de jeugdgezondheidszorg zich in dit onderwerp verdiepen en bekwamen en welke aanknopingspunten er in de praktijk zijn voor gesprekken met ouders (hoofdstuk 1). Vervolgens worden de belangrijkste inzichten rond het voorbereiden (hoofdstuk 2) en het voeren (hoofdstuk 3) van gesprekken met ouders samengevat. Daarna komen de organisatorische voorwaarden voor het voeren van zulke gesprekken aan bod (hoofdstuk 4). Tot slot wordt een beknopt overzicht gegeven van de huidige mogelijkheden voor training en bijscholing rond het voeren van gesprekken met ouders en het signaleren van opvoedingsproblemen of kindermishandeling (hoofdstuk 5). Vaardigheden leer je nu eenmaal het beste door te oefenen. Ter verheldering en verlevendiging van de tekst is tussen de verschillende hoofdstukken een aantal casussen opgenomen die zijn gebaseerd op ervaringen uit de praktijk van de jeugdgezondheidszorg. Aan het einde van iedere casus worden de belangrijkste elementen uit de betreffende opvoedingssituatie en de benadering die de arts of verpleegkundige kiest besproken.

Over wie het gaat

In deze publicatie wordt de term 'jeugdgezondheidszorg' gebruikt voor het terrein van de gezondheidszorg dat gericht is op kinderen en jongeren van 0 tot 19 jaar. Het gaat met andere woorden zowel over consultatiebureauartsen en -verpleegkundigen als over jeugdartsen en -verpleegkundigen. De nadruk ligt echter op de zorg voor kinderen tot 4 jaar, omdat de jeugdgezondheidszorg met deze groep het meest intensief en volledig in contact komt. De ondersteuning van ouders van kinderen in deze leeftijdscategorie kan van grote betekenis zijn voor de verdere ontwikkeling van deze kinderen.

Het voeren van gesprekken met kinderen komt in dit boek niet aan de orde. Niet omdat dat niet belangrijk is, maar omdat het op de eerste plaats gaat om de ouders die voor de ontwikkeling van deze – vaak heel jonge – kinderen verantwoordelijk zijn.

'Als ik maar niet zo word als mijn moeder'

Monique is een jonge moeder van 19 jaar met twee kinderen, die nu een half jaar
en 3 jaar oud zijn. Monique verschijnt op het consultatiebureau met twee huilende
kinderen die ze tevergeefs probeert stil te krijgen. 'Ja, de oudste heeft zo'n hekel aan
de wandelwagen; het is elke keer een heel gevecht om hem erin te krijgen. En als hij
begint, krijst zij ook mee', zegt ze ter verontschuldiging tegen de assistente, wijzend
naar de baby op haar borst.

Tijdens het onderzoek van de baby constateert de arts dat zij nauwelijks is
aangekomen en vraagt Monique hoe dat komt. 'Nou, zegt u het maar dokter, u hebt
ervoor geleerd', reageert die op nogal geërgerde toon. Ondertussen grijpt ze haar
zoontje stevig vast omdat hij telkens van zijn stoel springt. 'Ik krijg wat van dat joch,
hij is al net zo onrustig als zijn vader', zucht ze.

De arts probeert duidelijkheid te krijgen over het eetpatroon van de baby, maar van
de antwoorden die Monique geeft wordt hij niet veel wijzer: 'Als ze wakker wordt en
huilt, krijgt ze een flesje', vertelt ze, maar hoe vaak dat per dag gebeurt en hoeveel
de baby dan drinkt weet ze niet precies: 'Ik heb m'n handen vol aan die jongen', zegt
ze, wijzend naar haar zoontje dat inmiddels onder het bureau is gekropen. De arts
stelt haar voor de komende tijd het voedingsschema voor baby's van zes maanden
te volgen dat de verpleegkundige haar zal geven en over een maand te kijken of
de baby wel genoeg is aangekomen. 'Ze groeit zo veel te weinig en dat is niet goed

voor haar', besluit de arts. Er wordt een afspraak voor een controle over een maand gemaakt.

De wijkverpleegkundige legt Monique vervolgens uit wat, hoeveel en hoe vaak haar baby moet eten en drinken. Monique reageert geïrriteerd: 'Ja, dat weet ik wel, het is niet mijn eerste kind hoor.'

Daarop vraagt de wijkverpleegkundige wat dan het verschil is tussen deze baby en de vorige die geen gewichtsproblemen heeft gehad. 'Dat ik er nu helemaal alleen voor sta met twee kleintjes', zegt Monique. 'Maar dat geeft niet hoor, want ik ben blij dat hun vader is opgehoepeld.'

De wijkverpleegkundige gaat daar niet op in, maar vraagt wel of het geen goed idee zou zijn als Monique haar zoon Dennis naar de peuterspeelzaal in de buurt zou laten gaan, zodat hij met andere kinderen kan spelen en zijn energie kwijt kan. 'Nee, dat is niks', antwoordt Monique, 'hij vindt het niet leuk om met andere kinderen te spelen; hij maakt met de andere kinderen van zijn vader ook altijd ruzie als hij daar is.' Omdat de tijd van het consult om is besluit de verpleegkundige de volgende keer opnieuw aandacht aan het zoontje te besteden.

Een maand later verschijnt Monique niet op de afspraak. De arts die zich zorgen maakt over het gewicht van de baby en de wijkverpleegkundige die de indruk heeft dat de moeder de situatie niet goed aankan, besluiten dat de verpleegkundige tijdens een onaangekondigd huisbezoek poolshoogte gaat nemen. Nadat ze heeft aangebeld wordt de deur opengedaan door een onbekende jongeman die vraagt wat ze komt doen. Nadat de verpleegkundige heeft uitgelegd dat ze komt kijken hoe het gaat omdat Monique niet op de afspraak is verschenen, gaat hij haar roepen. 'Dat komt ervan, stom wijf', hoort ze hem tegen Monique zeggen. 'Bemoei je met je eigen zaken', schreeuwt Monique terug.

'Bekijk het dan maar', roept de man, die zijn jas van de kapstok pakt en de deur uitloopt. Monique vraagt de wijkverpleegkundige om binnen te komen. In de woonkamer liggen overal kleren, speelgoed en etenswaren. De verpleegkundige

maakt voor zichzelf een stukje van de bank vrij. Monique vertelt dat ze de afspraak vergeten is, maar dat de baby nu goed eet, volgens het schema. De wijkverpleegkundige vraagt of ze de baby even mag zien en Monique loopt mee naar het babykamertje boven. Het valt de verpleegkundige op dat het ook in de rest van de woning een grote chaos is. Overal staan dozen en plastic zakken met spullen. Het zoontje zit in een hoek van de kamer televisie te kijken en reageert afwerend als de verpleegkundige hem aanspreekt. De baby ligt onbeweeglijk in de wieg en reageert nauwelijks op haar moeder. De verpleegkundige vraagt of ze het meisje even uit de wieg mag halen om haar te onderzoeken. Monique geeft toestemming, maar zegt er meteen bij: 'Als je maar niet denkt dat ik niet goed voor haar kan zorgen; ik ben niet zoals mijn moeder.' Als de wijkverpleegkundige de baby heeft onderzocht, geen uiterlijke bijzonderheden heeft geconstateerd en haar heeft teruggelegd in de wieg, vraagt ze wat Monique met die opmerking over haar moeder bedoelde. 'Mijn moeder kon niet voor ons zorgen en daarom zijn we naar een kindertehuis gestuurd. Als mijn nieuwe vriend kwaad op me is zegt hij altijd dat ik net zo word als mijn moeder en dan krijgen we toch een ruzie. Dan loopt hij weg en kan ik het allemaal zelf uitzoeken. Maar soms als ik Dennis niet aankan en ik het niet meer zie zitten, denk ik echt: als ik maar niet zo als mijn moeder word.' De verpleegkundige die het gevoel heeft dat Monique wel openstaat voor advies, stelt voor een nieuwe afspraak te maken om met haar door te praten over de opvoeding van haar kinderen. 'Misschien is het goed als je vriend er dan ook bij is,' zegt de wijkverpleegkundige. 'Nee, laat hem er maar buiten, op hem kan ik toch niet rekenen.' De wijkverpleegkundige stelt voor opnieuw naar Monique toe te komen, zodat ze niet met twee kinderen op pad hoeft. Daarmee gaat ze akkoord.

Op het afgesproken tijdstip komt de wijkverpleegkundige opnieuw bij Monique thuis. Die heeft koffie gezet en de woonkamer opgeruimd en laat meteen trots de baby zien die net een fruithapje heeft gegeten, waarvan de sporen nog op beider kleren zitten. Dennis zit weer onderuit in een stoel televisie te kijken en reageert niet. Op de vraag van de wijkverpleegkundige hoe het nu met haar gaat, vertelt Monique dat haar vriend nu voorgoed vertrokken is. 'Ik heb hem eruit gegooid toen hij Dennis een trap had gegeven. Hij moet van mijn kind afblijven', zegt ze fel. De wijkverpleegkundige vraagt of Dennis gewond is geraakt. 'Nee, hij is alleen nog vervelender geworden. Ik ben bang dat hij straks ook de baby begint te pesten.' De verpleegkundige legt uit dat het misschien tijd wordt dat hij leert met andere kinderen om te gaan: 'Als hij volgend jaar naar de kleuterschool gaat, moet hij ook met andere kinderen kunnen spelen.' Ze vertelt dat Monique hem eerst een paar keer per week naar de peuterspeelzaal kan brengen om te wennen, maar daar wil ze niets van weten: 'Ik wil zelf voor mijn kinderen zorgen. Ik stop ze niet ergens weg zoals mijn moeder heeft gedaan', zegt ze koppig.

De wijkverpleegkundige aarzelt of ze door zal vragen naar de ervaringen die Monique zelf als kind heeft gehad. Is dat niet te privé en te pijnlijk? Aan de andere kant is ze er zelf al twee keer over begonnen. En voor Dennis is het niet goed als hij niet leert met andere kinderen te spelen. Daarom zegt ze: 'Maar wat denk je dat dan voor Dennis het beste is?' Monique kijkt haar met grote ogen aan en zegt dan: 'Ik weet het niet, maar zo gaat het ook niet. Misschien moet hij maar niet meer naar zijn vader gaan, want die verwent hem alleen maar.' De verpleegkundige vraagt haar of ze er wel eens met andere moeders over praat, maar dat blijkt niet het geval: 'Ze kijken me hier toch al met de nek aan', zegt ze verbitterd. De wijkverpleeg-kundige weet niet goed wat ze met deze situatie aanmoet en stelt voor een nieuwe afspraak te maken op het bureau om nog eens over het gedrag van Dennis door te praten. Monique gaat akkoord. 'Ik ben wel blij dat ik er met jou over kan praten, hoor', zegt ze bij de voordeur.

Een familiegeschiedenis

In het verhaal van Monique loopt een rode draad van kinderen die geïsoleerd van hun ouders opgroeien. Monique heeft dat zelf aan den lijve ondervonden en wil niet dat het haar kinderen overkomt. Toch dreigt dat wel te gebeuren omdat ze de situatie als jonge moeder zonder steun van haar eigen moeder niet goed *aankan. In het contact met de verpleegkundige is ze openhartig en zoekt ze steun. Die vindt ze duidelijk niet bij mensen in haar omgeving zoals haar nieuwe vriend die haar vooral confronteert met haar verleden, of met de buren die haar volgens haar met de nek aankijken. Maar ze vertrouwt de verpleegkundige, wat blijkt uit het feit dat ze de voedingsadviezen voor de baby goed opvolgt en uiteindelijk ook over het gedrag van Dennis wil praten. Ook het feit dat ze haar vriend de deur uit heeft gezet omdat hij Dennis een trap heeft gegeven, is een goed teken. Een deel van Dennis' lastige gedrag is waarschijnlijk uit de situatie thuis te verklaren. Verder heeft hij de leeftijd om met andere kinderen te spelen en wijst de verpleegkundige Monique daar terecht op. Hoewel ze in eerste instantie geen gehoor vindt voor haar oplossing van de speelzaal, laat ze zich niet van haar stuk brengen als het om de kern van de zaak gaat: het bespreken van het lastige gedrag van Dennis met zijn moeder. De gesprekken daarover zullen waarschijnlijk niet gemakkelijk zijn, gezien de beladen familiegeschiedenis, maar de jeugdgezondheidszorg heeft deze jonge moeder zonder meer wat te bieden zoals ze zelf te kennen geeft: een luisterend oor, steun en praktisch advies.*

1 Redenen voor zorg

Wanneer zouden artsen en verpleegkundigen zich zorgen moeten maken over de opvoedingssituatie van jonge kinderen en daarover met ouders een gesprek dienen aan te gaan?

Als ouders zelf zeggen dat ze moeite hebben met bepaalde onderdelen van de opvoeding, is het een duidelijke zaak dat zij advies nodig hebben en dat van het consultatiebureau verwachten. Maar lang niet alle ouders die opvoedingsondersteuning kunnen gebruiken, vragen daar ook om. Artsen en verpleegkundigen zullen zelf op basis van een goede inschatting van de situatie in een gezin bepaalde zaken moeten aankaarten.

Voordat de concrete gespreksvoering aan de orde is, heeft de werker in de jeugdgezondheidszorg te maken met een aantal overwegingen omtrent zijn eigen verantwoordelijkheid. Het gaat daarbij om de invulling van de taken van de jeugdgezondheidszorg en de mogelijkheden om op basis daarvan opvoedingsproblemen te signaleren. In het verlengde daarvan ligt de vraag welke aanknopingspunten een arts of verpleegkundige heeft voor het voeren van gesprekken met ouders.

DE TAKEN VAN DE JEUGDGEZONDHEIDSZORG

Formeel behoort zowel de zorg voor de lichamelijke en psychosociale gezondheid van kinderen als de opvoedkundige ondersteuning van ouders tot de basistaken van de jeugdgezondheidszorg.

Naar aanleiding van cijfers over het aantal slachtoffers van kindermishandeling heeft de politiek er de afgelopen jaren op aangedrongen dat consultatiebureaus meer aandacht gaan besteden aan preventie. Een van de centrale activiteiten die de jeugdgezondheidszorg voor dit doel kan benutten zijn de afspraken op het consultatiebureau. Daarmee wordt landelijk gemiddeld 95% van de zuigelingen en 85% van de peuters bereikt. Om ook ouders en kinderen te bereiken die niet op het consultatiebureau verschijnen, wordt op diverse plaatsen in het land speciaal beleid ontwikkeld om contact met hen te leggen en te proberen hen alsnog in het reguliere circuit van de jeugdgezondheidszorg op te nemen.

Voor alle moeite die gedaan wordt om met alle jonge kinderen en in hun ouders in contact te komen bestaan goede redenen. Om te beginnen is preventie in het belang van individuele ouders en kinderen. Daarnaast is er een belangrijk maatschappelijk belang gemoeid met het bewaken, bevorderen en beschermen van de ontwikkeling van alle kinderen. De jeugdgezondheidszorg is de aangewezen instantie om signalen over de opvoedingssituatie op te vangen en te benutten als mogelijkheid om negatieve ontwikkelingen tijdig te keren.

Werken in het belang van ouder en kind

Praktisch alle ouders zijn aanspreekbaar op hun verantwoordelijkheid als ouder en de belangen van hun kind. Ze zijn op zijn minst geïnteresseerd in de groei en ontwikkeling van hun kind. Bij afwijkingen van de norm verwachten ze daarover meestal ook uitleg en advies van de arts of verpleegkundige. Die 'gedeelde' verantwoordelijkheid geeft de jeugdgezondheidszorg al een goede ingang naar de ouders. Zonder een oordeel over de ouders uit te spreken, kan de arts of verpleegkundige vragen stellen over de opvoedingssituatie en het effect daarvan op het kind. Dat kan op zich al preventief werken omdat het ouders aanwijzingen geeft over mogelijke oorzaken van afwijkingen en hen daarover aan het denken zet. Bovendien is het duidelijk in het belang van kinderen als hun eigen ouders zo veel mogelijk zelf de verantwoordelijkheid voor de opvoeding dragen. Het delen van de zorg voor de ontwikkeling van het kind met de ouders komt daarom zowel ouders als kinderen ten goede.

De ontwikkeling van het kind bewaken

Jonge kinderen zijn kwetsbaar omdat ze zich niet kunnen verweren en geen hulp kunnen inroepen als ze gevaar lopen. Wanneer ouders hen niet tegen ernstige bedreigingen beschermen, kan hun ontwikkeling in gevaar komen. De jeugdgezondheidszorg heeft in die situaties een eigen verantwoordelijkheid in het behartigen van de belangen van het kind. Niet voor niets vormen de Rechten van het Kind een belangrijke basis voor het werk van de jeugdgezondheidszorg.

Ook wanneer de schade niet onmiddellijk duidelijk is, kan het opgroeien in een onveilige situatie later in het leven tot allerlei problemen leiden. Zowel het kind zelf als de mensen in zijn omgeving kunnen daarvan de dupe worden. Bovendien kunnen de maatschappelijke kosten van problemen die op latere leeftijd de kop opsteken enorm oplopen. Niet alleen het kind en zijn ouders, maar ook de samenleving is daarom gebaat bij preventie op jonge leeftijd. Om deze redenen legitimeert de overheid ook de bemoeienis van de jeugdgezondheidszorg met de opvoedingssituatie van kinderen.

Opvoedingsproblemen signaleren en interpreteren

Een belangrijke reden voor de jeugdgezondheidszorg om in een vroeg stadium alert te zijn op problemen en bedreigingen in de opvoedingssituatie is dat bij het ontstaan van kindermishandeling vaak sprake is van een glijdende schaal. Lichte problemen in de opvoeding die niet worden opgelost kunnen gaandeweg uitmonden in vormen van kindermishandeling. Door tijdig opvoedingsonzekerheid te onderkennen, signalen van dreigende escalatie te herkennen, adequaat advies te geven en ondersteuning te bieden kan worden voorkomen dat opvoedingssituaties uit de hand lopen. Cruciaal voor de jeugdgezondheidszorg bij het beoordelen van opvoedingssituaties is niet alleen welk gedrag ouders vertonen en met welke intenties zij dat doen, maar ook hoe hun kinderen daarop reageren.

Het herkennen van signalen is de eerste, belangrijke stap in het belang van het kind; het interpreteren ervan kan echter nog een heel ander verhaal zijn. Bovendien is het belangrijk te beseffen dat de oorzaak van zorgwekkende signalen ook niet altijd bij de ouders ligt. Een oppas, een oudere broer of zus, of een volwassene die regelmatig contact met het kind heeft, kan het kind iets aandoen zonder dat de ouders daarvan op de hoogte zijn.

Het AMK inschakelen

Wanneer een arts of verpleegkundige een vermoeden van kindermishandeling heeft, kan hij het protocol van de instelling volgen (zie hoofdstuk 4). Dat kan ertoe leiden dat hij – na overleg met het team – contact opneemt met het Advies- en Meldpunt Kindermishandeling (AMK) in de regio. Het AMK geeft advies over de mogelijkheden om de situatie aan te pakken.

Wanneer de arts of verpleegkundige geen mogelijkheid ziet om zelf de vermoedens nader te onderzoeken of de problematiek met de ouders bespreekbaar te maken, kan bij het AMK worden gemeld.

AANKNOPINGSPUNTEN VOOR GESPREKKEN MET OUDERS

Een van de taken van de jeugdgezondheidszorg is de ontwikkeling van kinderen in brede zin te onderzoeken. Dat betekent dat artsen en verpleegkundigen niet alleen kijken naar de lichamelijke gezondheid van kinderen, maar ook letten op de psychosociale ontwikkeling van het kind. Bovendien zijn ze alert op bijzonderheden in de opvoedingsomstandigheden die een risico voor de opvoeding kunnen vormen.

De ontwikkeling van het kind

Artsen en verpleegkundigen krijgen op verschillende manieren informatie over het verloop van de ontwikkeling van kinderen. Naast het lichamelijk onderzoek biedt het consult verschillende mogelijkheden tot het beantwoorden van vragen van ouders, het opvangen van psychosociale signalen en het observeren van de omgang tussen ouders en kinderen.

Vragen van ouders

Wanneer ouders zelf met vragen over de ontwikkeling of opvoeding van hun kind komen, kan dat een goede reden zijn voor een gesprek. Simpele, concrete vragen kunnen uiteraard meteen beantwoord worden, maar artsen en verpleegkundigen doen er goed aan te onderzoeken of er 'een vraag achter de vraag' zit. Ouders die zich onzeker voelen over de opvoeding, zijn nogal eens geneigd hun behoefte aan advies en ondersteuning te presenteren in de vorm van praktische vragen. Aan hun ontwijkende of niet-begrijpende reactie op het antwoord is dan meestal wel te merken of er meer achter die vraag zit.

Door aandacht te schenken aan de vraag achter de vraag, kan de arts of verpleegkundige aftasten waar de ouder precies mee zit. In sommige gevallen levert dat meteen een duidelijk beeld op van de opvoedingssituatie, maar vaak zal het aanvankelijk onduidelijk zijn wat er precies aan de hand is. De ouder kan zich om wat voor reden dan ook belemmerd voelen om de kaarten zomaar open op tafel te leggen. Het voorstellen van een nieuwe afspraak kan een manier zijn om de ouder meer ruimte te geven over zijn achterliggende vraag na te denken en er later meer over te kunnen vertellen.

Psychosociale signalen

Als een jong kind zonder aanwijsbare lichamelijke oorzaak een apathische of juist een erg drukke en gespannen indruk maakt, is dat vaak een teken van minder gunstige omstandigheden in het gezin. Dat kan variëren van een slechte woonsituatie of te weinig financiële armslag tot verwaarlozing of de dreiging of aanwezigheid van huiselijk geweld.

Onder de psychosociale signalen waaraan de jeugdgezondheidszorg serieus aandacht moet besteden, vallen ook lichamelijke klachten zoals buikpijn, langdurig huilen of het weigeren van eten. Dergelijke klachten zijn bij jongere kinderen vaak alleen te achterhalen wanneer de ouders daarover informatie geven. Het is daarom zaak ouders actief vragen te stellen over mogelijke oorzaken van opvallend gedrag van hun kind.

De omgang tussen ouder en kind

Hoe kort een afspraak misschien ook mag lijken, artsen en verpleegkundigen hebben op het consultatiebureau veel gelegenheid om te observeren hoe ouders met hun kinderen omgaan en hoe kinderen op hun ouders reageren. Als een kind wegduikt voor de aanraking van de ouder, spreekt dat boekdelen. Ook uit subtielere onderlinge reacties valt vaak op te maken hoe de ouder het kind behandelt. Hoewel niet vergeten mag worden dat ouders vaak proberen op het consultatiebureau een goede indruk te maken, biedt een consult op het bureau genoeg 'onbewaakte ogenblikken' om te zien welke houding de ouder tegenover het kind heeft en vice versa. In dit verband kan ook de assistente, vaak 'de ogen en oren' van het bureau, een rol spelen.

Wanneer de houding van de ouder schadelijk voor het kind zou kunnen zijn, kan de arts of de verpleegkundige dit bij ouders ter sprake brengen, hetzij meteen, hetzij tijdens een aparte afspraak. Soms is een gerichtere observatie tijdens een huisbezoek nodig om aanknopingspunten te krijgen voor het bespreken van dit onderwerp.

Risicofactoren in de opvoedingssituatie

Van een aantal omstandigheden waarin kinderen opgroeien is bekend dat ze een verhoogd risico voor de ontwikkeling van kinderen meebrengen. Zonder de kinderen en hun ouders meteen te stigmatiseren kan de jeugdgezondheidszorg rekening houden met zulke risicofactoren in de opvoedingssituatie. Naast puur lichamelijke factoren zoals vroeggeboorte en chronische ziekte worden ook alleenstaand ouderschap, langdurige werkloosheid en arbeidsongeschiktheid, verslaving, psychiatrische problemen, adoptie, migratie en – illegaal – vluchtelingschap als risicofactor beschouwd. Dat betekent niet dat zo'n omstandigheid per definitie tot problemen leidt. Wel kan bij een opeenstapeling van deze factoren het evenwicht tussen wat ouders aankunnen en de problemen die ze ondervinden in gevaar komen. De jeugdgezondheidszorg moet daarom bedacht zijn op mogelijke problemen in de ontwikkeling van het kind die met deze gezinsomstandigheden samenhangen. Bij dreigende crisissen zijn extra afspraken om de situatie goed te kunnen volgen en de ouders te ondersteunen geen overbodige luxe.

In het geval van verslaafde moeders en ouders met psychiatrische problematiek is die extra aandacht meestal instellingsbeleid. Ook alleenstaand ouderschap, een echtscheiding of een recente aankomst in Nederland na adoptie, migratie of vlucht kan een reden voor extra aandacht zijn. Meestal kan tegenover de ouders dan goed aannemelijk worden gemaakt dat die extra aandacht de gezondheid van het kind dient. Omdat het voor het contact met de ouders belangrijk is dat zij een heldere toelichting krijgen op de redenen voor extra afspraken, zal de instelling voor jeugdgezondheidszorg de criteria die daarvoor gelden beleidsmatig dienen te onderbouwen (zie hoofdstuk 4).

Kennis en vaardigheden van ouders

Lang niet iedereen die vader of moeder wordt, weet hoe kinderen verzorgd en opgevoed moeten worden. Sommige ouders hebben daarvoor nooit een rolmodel gehad, bijvoorbeeld omdat ze uit een klein gezin komen, geen leeftijdgenoten hebben die al kinderen hebben of zich afzetten tegen hun eigen ouders.

Bovendien bestaan er zo veel verschillende opvattingen en theorieën over opvoeden, dat mensen die zich in het onderwerp verdiepen vaak door de bomen het bos niet meer zien. Onzekerheid over opvoeden heeft daarom vaak weinig te maken met opleiding, maar meer met gebrek aan houvast. Voor kinderen kan deze onzekerheid in de opvoeding leiden tot grote onduidelijkheid, chaos of dubbelzinnigheid. De jeugdgezondheidszorg kan ouders met informatie en adviezen het nodige houvast in de opvoedingsmethode bieden. Niet alle ouders realiseren het zich wanneer hun kennis en vaardigheden op het gebied van de opvoeding tekortschieten. Daarom kan de arts of verpleegkundige in gesprekken met ouders peilen of die de noodzakelijke opvoedkundige kennis en vaardigheden missen, en zo nodig aanbieden om samen oplossingen voor bepaalde hiaten te zoeken. Ook kan nagegaan worden welke verwachtingen ouders van hun kinderen koesteren en in hoeverre ze zich bewust zijn van de behoeften van hun kinderen en in staat zijn daarop adequaat te reageren.

Sociaal netwerk

Hoe capabel ouders zich als opvoeder voelen, hangt mede af van de mensen met wie zij ervaringen uitwisselen en op wie zij kunnen terugvallen als zij steun nodig hebben. De aanwezigheid van een sociaal netwerk en de mate waarin de ouders daarop een beroep kunnen doen, is een belangrijke factor in de opvoedingssituatie. Mensen in het sociaal netwerk – vrienden en vriendinnen, broers en zussen, opa's en oma's van de kinderen, buren – voelen zich vaak medeverantwoordelijk, geven adviezen, maken opmerkingen of grijpen zelfs in wanneer zij vinden dat de opvoeding niet goed verloopt. Ook vangen zij vaak de kinderen op wanneer de ouders daartoe niet in staat zijn. Door de aanwezigheid van dit netwerk hebben de kinderen de mogelijkheid een veilige plek te vinden, ook wanneer hun ouders hun die – tijdelijk – niet kunnen bieden.

Wanneer het ouders aan zo'n sociaal netwerk ontbreekt, betekent het meestal dat de opvoeding van hun kinderen in betrekkelijk isolement geschiedt. Ze krijgen weinig adviezen en kunnen op weinig mensen een beroep doen om bij te springen. Dit kan onzekerheid over de opvoeding vergroten, met alle mogelijke gevolgen voor de kinderen van dien. In het isolement van de ouders schuilt een potentieel gevaar voor de veiligheid van het kind, omdat er geen vertrouwde derden zijn die hem kunnen opvangen wanneer dat nodig is.

Eigen ervaringen als kind

Ouders ontlenen hun opvattingen over de opvoeding van hun kinderen en hun opvoedingsmethoden en -vaardigheden vaak aan hun eigen opvoeding, ook als zij zich daar tegen afzetten. Het kan daarom verhelderend werken om te achterhalen hoe ouders zelf zijn opgevoed en hoe zij tegen hun eigen opvoeding aankijken. Sommige ouders hanteren in de opvoeding van hun kinderen onbewust dezelfde opvoedingsprincipes als hun ouders. Vooral ouders die zich sterk verbonden voelen met een bepaalde culturele of religieuze traditie volgen vaak met grote vanzelfsprekendheid de gewoontes die zij daaruit hebben meegekregen of die hun via hun sociale netwerk worden aangereikt.

Andere ouders proberen juist afstand te nemen van een opvoedingsstijl die zij zelf als schadelijk hebben ervaren, maar voelen zich daardoor soms stuurloos. Ze beschikken bijvoorbeeld niet altijd over goede alternatieven voor slaan of andere hardhandige vormen van straffen. Vooral wanneer ouders zelf het slachtoffer zijn geweest van kindermishandeling bestaat de kans dat zij moeite hebben om de juiste opvoedingsmethode te bepalen. Omdat zij niet vertrouwd zijn met andere voorbeelden, is bij deze ouders het risico dat zij zelf ook gaan mishandelen groter dan bij ouders die deze ervaringen zelf niet hebben.

De jeugdgezondheidszorg kan inspelen op de vragen van ouders en anticiperen op de potentiële risico's op herhaling van de geschiedenis door aandacht te besteden aan de eigen ervaringen van ouders en hun vaardigheden als opvoeder. Omdat er tijdens een consult of huisbezoek vaak geen gelegenheid of aanleiding is om dit onderwerp aan te snijden, zal dit dikwijls pas aan de orde komen in het kader van uitgebreidere opvoedingsondersteuning.

EXTRA CONSULT OF HUISBEZOEK

Om zorgen over de opvoedingssituatie nader te onderzoeken en met ouders te bespreken zal het vaak nodig zijn om een extra consult in te lassen of op huisbezoek te gaan.

In de meeste gevallen zal de verpleegkundige de taak op zich nemen om zo'n extra gesprek te voeren. Het is dan mogelijk om gerichte aandacht te besteden aan een aspect van de ontwikkeling of opvoeding dat zorgen baart. Soms zal de ouder zo'n punt zelf aandragen en blij zijn met een extra afspraak. Wanneer ouders zorgwekkende signalen ontkennen, kan de verpleegkundige zijn of haar eigen deskundigheid gebruiken om ouders tot een extra afspraak op het bureau of een huisbezoek te bewegen. Voor een huisbezoek wordt meestal gekozen als de verpleegkundige verwacht dat het relevante informatie oplevert over de opvoedingssituatie of wanneer ouders niet naar het consultatiebureau kunnen komen. Ook wordt vaak tot huisbezoeken overgegaan wanneer ouders afspraken op het bureau niet nakomen. Dat gegeven wordt dan op zich als reden voor zorg opgevat.

Zorgen bespreekbaar maken

Het doel van een extra afspraak of een huisbezoek is het bespreekbaar maken van zorgen over de ontwikkeling van een kind. Wanneer ouders zelf met vragen zitten of behoefte hebben aan nader advies, is het meestal niet moeilijk om hen tot zo'n afspraak te motiveren.

Maar als ouders de voorgestelde afspraak als een vorm van ongewenste bemoeienis of controle ervaren, zal het veel moeite kosten om het gesprek uit de vijandige sfeer te krijgen. De enige manier waarop dat kan slagen, is wanneer ouders het gevoel krijgen dat zij de zorg en verantwoordelijkheid voor hun kind kunnen delen met de verpleegkundige, zonder het risico dat zij van alles moeten of zelfs hun kind kunnen kwijtraken. De angst dat het kind hen ontnomen wordt, is soms sterker dan buitenstaanders vermoeden. Het is daarom belangrijk die angst serieus te nemen en openlijk te bespreken en op die manier het vertrouwen van de ouders te winnen (zie hoofdstuk 3). Door het winnen van het vertrouwen van de ouders centraal te stellen, kan de arts of verpleegkundige ook voorkomen dat hij of zij het gesprek onder extreem vijandige omstandigheden moet voeren. Blijft hij of zij toch onzeker over de reactie van ouders, dan is het verstandig om goede afspraken te maken met een collega die een oogje in het zeil kan houden. Hoe de arts of verpleegkundige zich kan voorbereiden op zulke gesprekken en een aantal valkuilen in de gespreksvoering kan voorkomen, komt in de hoofdstukken 2 en 3 uitgebreid aan de orde.

'Dik zijn zit in de familie'

Op het consultatiebureau komt een moeder, mevrouw T., met haar dochter van
2 jaar die duidelijk veel te zwaar is voor haar leeftijd. Als de arts vraagt hoe dat
komt, zegt de moeder dat haar dochter een goede eter is en natuurlijk van snoep
houdt zoals alle kinderen. Bovendien is het zo'n lief kind dat iedereen in de familie
haar altijd verwent met lekkere dingen. De arts vraagt of het meisje regelmatig
beweging krijgt. 'Nee, af en toe gaan we naar de speeltuin, maar verder doen we
alles met de auto; zo'n klein kind kan toch niet lang lopen?', zegt de moeder op
verontwaardigde toon. De arts bekijkt het gebit van het meisje en vraagt of haar
tanden wel regelmatig worden gepoetst. 'Dat hoeft toch niet bij een melkgebit?',
antwoordt de moeder verbaasd. De arts stelt de moeder voor om in verband met
het overgewicht even met de verpleegkundige over het eetgedrag van het kind te
praten.

Als de verpleegkundige vraagt wat haar dochter allemaal eet op een dag,
reageert de moeder – zelf aan de stevige kant – terughoudend: 'Waarom moet ik
dat vertellen? Ze moet toch niet op dieet, hè? Dat kun je zo'n klein kind toch niet
aandoen? Dik zijn zit gewoon in de familie. Ik heb zelf het lijnen opgegeven, want
ik word er alleen maar chagrijnig van. Bovendien zegt mijn man altijd dat het een
gezond teken is.' De verpleegkundige vraagt of er bepaalde ziektes in de familie
voorkomen die het overgewicht verklaren. 'Welnee, we houden gewoon van lekker

eten', zegt de vrouw. De verpleegkundige geeft het meisje een loopfietsje om te

kijken of ze daar op kan klimmen, maar dat lukt niet. 'Au', roept ze. 'De kans bestaat

dat ze een achterstand krijgt in haar motorische ontwikkeling als ze te dik blijft,

legt de verpleegkundige uit. 'En als ze wat vaker gaat bewegen, valt ze waarschijn-

lijk vanzelf wat af.' Mevrouw T. zucht als ze een foldertje met voedingsadviezen

krijgt, maar de verpleegkundige zegt streng: 'Hoe jonger een kind gezond leert

eten, hoe beter. Misschien hoeft ze dan later niet aan de lijn te doen.' Ze maakt een

nieuwe afspraak voor over een maand om te kijken hoe het gaat.

Tijdens de volgende afspraak met de verpleegkundige is het meisje niet afgevallen,

maar ook niet aangekomen. Mevrouw T. vertelt dat ze haar thuis wel minder snoep

geeft, maar dat ze niet weet of de familieleden die op haar passen zich wel aan die

afspraak houden. Op de drie dagen dat de moeder werkt, brengt ze haar dochter

naar de moeder van haar man, een traditionele Turkse vrouw die de deur niet

uitkomt. 'Maar ze is heel lief met haar kleinkinderen, hoor', zegt de vrouw. 'Maar

zou het niet beter voor uw dochter zijn als ze naar de kinderopvang gaat, want

dan kan ze met andere kinderen spelen en dan wordt ze ook niet volgestopt met

snoep', vraagt de verpleegkundige. De moeder aarzelt: 'Dat zou mijn man nooit

accepteren, want dat zou een belediging voor mijn schoonmoeder zijn', zegt ze.

'Maar als u nu zegt dat het beter is voor haar Nederlands?' suggereert de verpleeg-

kundige. 'Dat leert ze wel van mij. Het gaat er juist om dat ze ook goed Turks leert

en daarom willen haar opa en oma voor haar zorgen.' De verpleegkundige weet

daar ook niet direct een antwoord op. Ze stelt voor om een keer met haar en haar

man samen een afspraak te maken, zodat hij begrijpt dat het belangrijk is voor de

ontwikkeling van hun dochter. 'Nee, dat zijn vrouwenzaken, zegt hij. Bovendien

heeft hij geen tijd, want hij heeft twee banen.' Terwijl de vrouw dat zegt, krijgt ze

tranen in haar ogen. De verpleegkundige vraagt haar of ze wil vertellen waarom ze

zo verdrietig is. 'Ik weet soms ook niet meer wat goed is, hoor. Je krijgt als moeder zo

veel verschillende adviezen.'

De verpleegkundige vraagt haar of ze behoefte heeft aan een nieuwe afspraak om erover door te praten, maar ze antwoordt: 'Nee, ik moet hier zelf uit komen, maar bedankt voor het aanbod.'

Leven in twee werelden

Zoals veel werkende moeders is mevrouw T. een deel van de tijd afhankelijk van het gedrag van derden die op haar dochter passen, in dit geval met name haar schoonmoeder. Omdat deze schoonmoeder in de familie een belangrijke rol speelt en wordt beschouwd als een autoriteit op het gebied van kinderen, kan mevrouw T. haar niet zomaar terechtwijzen in verband met de voeding van het kind. Ze moet eerst haar man overtuigen dat het beter is voor de gezondheid van hun dochter om haar minder te laten snoepen en meer te laten bewegen. Dat is een zaak waar de verpleegkundige wel een aanbod voor kan doen, maar verder kan ze weinig beginnen als de ouders niet meewerken. In dit geval is er ook geen direct gevaar voor het kind en van verwaarlozing lijkt al helemaal geen sprake. Mevrouw T. en haar familie zien het probleem ook eigenlijk niet zo. In de traditionele Turkse cultuur is dik-zijn juist mooi, en mevrouw T. heeft zelf slechte ervaringen met lijnen. Toch heeft ze paal en perk gesteld aan het snoepen op de dagen dat ze zelf voor haar dochter zorgt.

Het enige wat de verpleegkundige in dit geval kan doen is een extra controleafspraak maken zodat ze in de gaten kan houden hoe het kind zich verder ontwikkelt. Bovendien geeft ze de moeder daarmee – als ze daar toch behoefte aan heeft – de gelegenheid haar hart te luchten over de tegenstrijdige adviezen die ze krijgt.

2 Een goede benadering is het halve werk

Het voeren van gesprekken met ouders over punten van zorg in de ontwikkeling en opvoeding van hun kinderen vraagt een bepaalde benadering van de arts of verpleegkundige. Op grond van de ervaringen die daarmee tot nu toe zijn opgedaan en de inzichten van trainers en onderzoekers wordt hier een aantal richtlijnen gegeven. Daarmee kan in de voorbereiding van dit type gespreksvoering het risico op klassieke fouten worden ondervangen.

ZORGEN UITEN IN PLAATS VAN BESCHULDIGEN

Om met ouders een gesprek op gang te brengen over de redenen voor bezorgdheid die de jeugdgezondheidszorg heeft, is het belangrijk te voorkomen dat die ouders zich aangevallen of beschuldigd voelen. In het belang van ouders en kinderen dient het contact met de ouders zo optimaal mogelijk te zijn en te blijven. Uitspraken in de beschuldigende sfeer passen daar niet in. Daarom wordt bij het maken van de afspraak en het geven van een toelichting ook nooit de term 'kindermishandeling' gebruikt. De arts of verpleegkundige zegt dat hij of zij zich 'zorgen maakt' over de ontwikkeling van het kind of over de gezinssituatie en daarover met de ouder wil praten. Die nadruk op de dialoog met de ouders helpt voorkomen dat ouders denken dat de arts of verpleegkundige al een oordeel klaar heeft. Tegelijkertijd moet de aanleiding voor het gesprek wel duidelijk zijn, want op vaagheid en vrijblijvendheid zit niemand te wachten. Daarom is het goed zo concreet mogelijk te zijn over de reden voor de zorgen, bijvoorbeeld de problemen met eten, de aanhoudende luchtwegaandoeningen, de onhandelbaarheid van het kind waarover de ouder klaagt, de onzekere houding van de ouder of het ontbreken van sociale steun. Wanneer de ouder de reden van het gesprek van meet af aan kent, en zich daarin kan vinden, zal hij of zij zich eerder serieus genomen en minder gauw beschuldigd voelen.

ZIEN EN BENOEMEN IN PLAATS VAN OPLOSSEN

Het doel van de jeugdgezondheidszorg is niet om de verantwoordelijkheid van de ouders voor hun kinderen over te nemen, maar om hen waar nodig te helpen om zelf die verantwoordelijkheid te dragen. Om dat doel te bereiken is het cruciaal niet te snel oplossingen aan te reiken, want dat wekt de indruk dat er sprake is van een duidelijke diagnose waarvoor het recept bij wijze van spreken al klaarligt.

Niet denken voor, maar mét de ouders

Voordat het gesprek met de ouders plaatsvindt, heeft de arts of verpleeg-kundige op grond van zijn of haar kennis en ervaring vaak al bedacht wat er in het belang van het kind zou moeten gebeuren om de zorgwekkende factoren in de opvoedingssituatie weg te nemen. Toch is het belangrijk om deze oplossingen niet meteen aan de ouders voor te leggen, maar eerst te bespreken of zij de zorgen delen, wat volgens hen daarvan de oorzaken zijn en welke oplossingen zij daar zelf eventueel voor zien. Het is een eenvoudig didactisch gegeven dat mensen niets hebben aan oplossingen die niet passen bij hun eigen analyse van de situatie. Als ouders het probleem niet zien, hebben ze ook geen boodschap aan een voorgestelde oplossing. Zien ze het probleem wel, dan moet de oplossing op zijn minst binnen hun eigen moge-lijkheden passen, zodat ze ook echt zelf de verantwoordelijkheid kunnen nemen, eventueel tijdelijk bijgestaan door derden.

Andere redenen om terughoudend te zijn met het aandringen op concrete oplossingen, is dat er soms meerdere oplossingen mogelijk zijn, en dat de 'oplossing' soms vooral ligt in het inzicht van de ouders in de aspecten van hun situatie of gedrag die nadelig zijn voor het kind. Gedurende het gesprek is het met andere woorden belangrijk met de ouders mee te denken, zodat zij zo veel mogelijk tot een eigen aanpak kunnen komen en niet het gevoel hebben dat zij iets opgedrongen krijgen.

Artsen en verpleegkundigen die van nature 'doeners' zijn, is daarom aan te raden in gedachten een pas op de plaats te maken voordat zij aan een gesprek met ouders beginnen. Hun praktische oplossingen kunnen misschien later in het gesprek aan de orde komen als die dan nog steeds van toepassing lijken. Maar in het begin van het gesprek kunnen ze beter 'achter de hand worden gehouden' totdat de ouders om concreet advies vragen en ze op hun behoeften lijken aan te sluiten.

BEWUST ZIJN VAN EIGEN WAARDEN EN NORMEN

Ook wanneer de zorgen over de ontwikkeling van een kind of over de opvoedingssituatie onderbouwd kunnen worden met objectieve gegevens, spelen eigen waarden en normen van de betrokken beroepskracht vaak onbewust een rol in gesprekken met ouders. Dat is begrijpelijk, want bijna iedereen heeft opvattingen over het ideale gezin of over de manier waarop ouders met hun kinderen zouden moeten omgaan. De kans bestaat dat de opvoedingssituatie die besproken moet worden, niet strookt met die eigen opvattingen. Ouders kunnen er andere normen over opvoeding op na houden, bijvoorbeeld over de noodzaak om kinderen discipline bij te brengen of over de manier waarop dat moet gebeuren. Om te voorkomen dat de persoonlijke opvattingen die de beroepskracht over deze zaken heeft ongemerkt de gesprekken met ouders beïnvloeden, is het zaak die eigen opvattingen goed te kennen. Essentieel zijn respect voor en acceptatie van de ouder, zowel wat betreft diens omgangsvormen, taalgebruik en gewoonten, als diens verantwoordelijkheid voor het kind.

De ideale opvoeding bestaat niet

Opvoedingssituaties zijn nooit perfect, hoe graag we dat ook zouden willen. Zonder de ernst van de problemen in sommige gezinnen af te zwakken of te verhullen, kan de jeugdgezondheidszorg niet de boodschap uitdragen dat de ideale opvoeding wél bestaat en tot norm moet worden verheven.
Feit is dat we in Nederland te maken hebben met verschillende ideaalbeelden van het gezin en van de opvoeding, en dat de jeugdgezondheidszorg daar rekening mee dient te houden. Dat de ene opvoedingsstijl beter is dan de andere is geen uitgemaakte zaak.
Waar het in de jeugdgezondheidszorg op de eerste plaats om gaat is het toezicht op de veilige en gezonde ontwikkeling van het kind en het adviseren van ouders in aansluiting op hun behoeften.
Het belangrijkste criterium voor artsen en verpleegkundigen om zich zorgen te maken moet de gezondheid en het psychosociaal functioneren van het kind zijn. Vanuit dat criterium kan de jeugdgezondheidszorg duidelijke grenzen stellen. Als een kind geregeld hard geslagen wordt en daardoor

zichtbare fysieke of emotionele schade oploopt, wordt zo'n grens overschreden, ongeacht de opvoedingsnormen van de ouders. Maar in andere gevallen valt over die grenzen te twisten, bijvoorbeeld wanneer het gaat over incidentele tikken om een kind tot de orde te roepen, bepaalde soorten kleding of speelgoed, of manieren om kinderen aandacht te geven.

Ouders willen hun kinderen niet kwijt

Ondanks alle gruwelijke verhalen over verwaarlozing, misbruik en mishandeling van kinderen die regelmatig in de pers opduiken, is het belangrijk te beseffen dat de meeste ouders het beste met hun kinderen voor hebben en ze voor geen goud kwijt zouden willen. Voor de meeste ouders is de mogelijkheid van ondertoezichtstelling of uithuisplaatsing een regelrechte nachtmerrie, ook wanneer ze de wanhoop nabij zijn en er onder de gegeven omstandigheden niet goed in slagen de behoeften van hun kind te vervullen. Vooral ouders die zich onzeker voelen in de opvoeding van hun kinderen of in hun bestaan in het algemeen, hebben soms de angst dat er van buitenaf zal worden ingegrepen.

Deze angst verklaart waarom ouders soms huiverig zijn om over de opvoedingssituatie te praten met mensen die in hun ogen in dienst van de overheid werken. Zij rekenen de jeugdgezondheidszorg daar ook vaak toe. Artsen en verpleegkundigen kunnen daarom maar tot op zekere hoogte in het contact met ouders gebruikmaken van hun gezag. Doen zij dat te sterk, dan is de kans groot dat ouders zich terugtrekken. Het is aan te bevelen er rekening mee te houden dat ouders geen open kaart spelen wanneer zij bang zijn dat zij het ouderlijk gezag over hun kinderen kunnen kwijtraken. Hoe dit verschijnsel in een gesprek met ouders kan worden aangepakt, komt in hoofdstuk 3 aan de orde.

HANTEREN VAN EIGEN ERVARINGEN

Juist omdat opvattingen over ontwikkeling en opvoeding zo'n sterke rol spelen in de jeugdgezondheidszorg, worden artsen en verpleegkundigen regelmatig geconfronteerd met situaties die hen persoonlijk raken. Het werk vereist daarom van hen dat zij zich bewust zijn van hun eigen vooroordelen en angsten en die op een goede manier kunnen hanteren in de omgang met ouders.

Onverwachte confrontaties

Zoals gezegd zijn gezinnen en gezinsomstandigheden nooit ideaal en hebben veel mensen in hun jeugd minder prettige ervaringen. De jeugdgezondheidszorg trekt vaak juist mensen aan op grond van hun persoonlijke betrokkenheid bij het lot van kinderen en ouders. Hoewel de meeste artsen en verpleegkundigen hun persoonlijke ervaringen hebben geïntegreerd in hun professionele houding, bestaat de kans dat zij in hun werk onverwacht worden geconfronteerd met zaken waarbij het moeilijk is hun eigen ervaringen er buiten te laten. Daarbij kan het gaan om gezinssituaties die lijken op de eigen situatie van vroeger, of op ervaringen van anderen waarbij zij nauw betrokken zijn geweest. Wanneer deze gevoelens geactiveerd worden, kan dat ertoe leiden dat de beroepskracht bepaalde gezinssituaties niet meer onbevangen kan beoordelen en bespreken. Is dat het geval, dan is het zaak daar aandacht aan te besteden in de voorbereiding van gesprekken met ouders. Vaak helpt het al wanneer de arts of verpleegkundige voor zichzelf onderzoekt waarom een casus bepaalde emoties oproept. Het belang van het onderkennen van eigen ervaringen zou ook heel goed binnen het team of tijdens een supervisiegesprek aan de orde kunnen komen (zie hoofdstuk 4). Soms is het ook een oplossing als een arts en een verpleegkundige een moeilijk gesprek met ouders samen voeren.

In het verlengde van het hanteren van eigen ervaringen, ligt de noodzaak om te weten welke strategieën beroepskrachten hebben ontwikkeld om met onaangename ervaringen om te gaan. Deze, vaak onbewuste, gedragspatronen kunnen variëren van het vermijden van confrontaties met bepaalde situaties, tot een standaardmanier van – voortvarend – optreden. Het probleem van dit soort vaste gedragspatronen is dat de betrokken persoon vaak het oog voor specifieke details verliest, of er juist overmatige aandacht aan besteedt, en niet meer flexibel kan reageren. Dit kan een storende factor zijn in het contact met ouders.

Ook hiervoor geldt dat een goed functionerend team of een adequate supervisie het inzicht in dergelijke patronen kan bevorderen en de persoon in kwestie kan helpen bij het ontwikkelen van ander gedrag.

Angst voor agressie

Een goed voorbeeld van een gedragspatroon dat niet functioneel is in de jeugdgezondheidszorg is het uitstellen of ontwijken van gesprekken met ouders uit angst voor hun agressie. Soms heeft die angst te maken met eigen ervaringen, soms spelen vooral vooroordelen tegenover een bepaald type mensen daarin een grote rol. Het is een cliché dat een boom van een vent met tatoeages uit een volkswijk een niet zo potige, vrouwelijke arts of verpleegkundige de stuipen op het lijf kan jagen. Maar dat bepaald gedrag van ouders intimiderend kan zijn en artsen en verpleegkundigen terughoudend maakt in hun contacten, kan niet ontkend worden.

Om zo'n patroon te doorbreken is het goed om naar de oorzaken van agressief gedrag van ouders te kijken. Natuurlijk komt het voor dat ouders in al hun contacten agressief reageren, maar dan gaat het vaak om extreme situaties. De meeste ouders worden pas agressief wanneer zij zich beschuldigd of bedreigd voelen door de manier waarop zij benaderd worden. Ze gaan in de verdediging door zich agressief op te stellen. Ook van 'vage verhalen' moeten die ouders niets hebben, zeker niet wanneer ze bang zijn dat ze ergens van beschuldigd worden. Inzicht in dit mechanisme en een heldere en directe benadering is een goede manier om agressieve reacties van ouders te voorkomen (zie hoofdstuk 3). Waar het hier om gaat is dat de arts of verpleegkundige een goede inschatting maakt van de effecten van zijn of haar eigen gedrag op ouders, met name ouders die gevoelig zijn voor kritiek.

Wanneer de angst voor agressieve reacties sterk samenhangt met eigen ervaringen, kan het helpen om zo'n gesprek samen met een collega voor te bereiden en te oefenen. Ook in een deel van het trainingsaanbod dat voor het voeren van gesprekken met ouders wordt aangeboden, wordt aandacht besteed aan het omgaan met agressieve reacties (zie hoofdstuk 5).

'Volgens mij heeft hij iets'

Op het consultatiebureau verschijnt mevrouw M., een vrouw van 35 in een zakelijk mantelpakje met een baby van drie maanden in de wandelwagen in de ene hand en een aktetas in de andere. Ze maakt een nerveuze indruk en heeft grote kringen onder haar ogen en rode vlekken in haar gezicht en hals. Tijdens het onderzoek vertelt ze de arts gejaagd dat ze de laatste maand al vier keer de huisarts heeft gebeld omdat de baby maar bleef huilen. Volgens de huisarts was er niets bijzonders aan de hand, maar dat gelooft ze niet. Ze heeft op internet gezocht wat het allemaal zou kunnen zijn en ze denkt dat het een allergie is. De consultatie- bureauarts ziet daar echter ook geen tekenen van; geen uitslag en een normale toename van lengte en gewicht. 'Ik zie ook geen redenen om aan een allergie te denken. Maar misschien heeft het huilen wel een andere oorzaak. Kunt u iets vertellen over zijn slaappatroon?'

Volgens de moeder gaat alles overdag in het kinderdagverblijf helemaal 'volgens het boekje', maar loopt het 's avonds en 's nachts thuis steeds mis, omdat hij dan ligt te huilen en niet gaat slapen. Dat is heel slopend, omdat ze net weer haar drukke baan aan het oppakken is en haar slaap goed kan gebruiken. Ook haar man wordt er volgens haar gek van dat het nooit meer rustig is in huis. De vrouw zegt dat ze alles heeft geprobeerd om de baby stil te krijgen, maar dat lukt haar niet: 'Volgens mij heeft hij iets en zien jullie dat gewoon over het hoofd. Kan ik niet met hem naar de specialist?', vraagt ze. De arts legt uit dat de huisarts haar in principe een verwijzing moet geven, maar dat ze zich kan voorstellen dat hij dat gegeven de situatie niet zomaar doet. De baby heeft geen koorts, groeit goed en de ene baby huilt nu eenmaal meer dan de andere. Misschien is het goed om nog eens met de verpleegkundige te bespreken hoe de baby misschien wat sneller te kalmeren is. De moeder stemt met tegenzin toe en vraagt of het dan meteen kan, want ze heeft geen zin om weer een dag vrij te nemen.

Als de verpleegkundige binnenkomt valt het haar op dat de baby in de wandelwagen ligt te huilen. Ze vraagt de moeder waarom ze hem niet in haar armen neemt: 'Dan ruik ik straks op mijn werk weer naar spuug', zegt ze. De verpleegkundige vraagt of het thuis lukt om de baby stil te krijgen door hem uit zijn wieg te halen. 'Ik heb ergens gelezen dat je dat juist niet moet doen, anders went hij eraan en zit ik straks elke nacht op', zegt de vrouw. De verpleegkundige legt uit dat een baby van drie maanden echt nog niet op die manier 'verwend' kan worden, maar dat hij waarschijnlijk wel lichamelijk contact nodig heeft als hij zo huilt. Ze stelt de moeder voor het een paar weken te proberen en dan terug te komen.

Een paar weken later verschijnt de vader met de baby op het consultatiebureau. Hij zegt dat zijn vrouw niet kon komen omdat ze ziek is. Met het huilen van de baby gaat het beter nu hij drie avonden en nachten voor zijn rekening heeft genomen. Dat was eerst wel vermoeiend, maar nu is hij eraan gewend en vindt hij het wel leuk om zich meer met zijn zoon bezig te houden: 'Als ik hem vastpak is het net of hij al weet dat ik zijn vader ben', vertelt hij trots. De verpleegkundige legt hem uit dat hij voor de baby een vertrouwde figuur is, zeker nu hij meer lichamelijk contact met hem heeft. 'Heel goed dat u dat doet, ook om uw vrouw te ontlasten', zegt ze. 'Tja,' zegt de man, 'ik wilde u daarover nog iets vragen, want de huisarts neemt ons intussen niet meer serieus geloof ik. Mijn vrouw was ook zo ongerust de hele tijd…' De verpleegkundige kan hem niet helemaal volgen en vraagt daarom: 'Wat is uw vraag?' De man aarzelt en zegt dan: 'Hoe weet je of iemand een postnatale *depressie heeft? Mijn vrouw doet de laatste tijd zo vreemd. Ik ben wel eens bang dat ze de baby iets aandoet, zo boos is ze.'*

De verpleegkundige vraagt of zijn vrouw de baby net zo kan troosten als hij. 'Eerlijk gezegd denk ik van niet, want de baby blijft bij haar huilen. Dat vindt ze heel erg. Ze slaapt niet meer en ze heeft zich gisteren ziek gemeld. Ze komt de logeerkamer niet meer uit. Ik heb de baby gisteren naar de crèche gebracht.' Omdat de huisarts nog niet is langsgekomen en daar weinig zin meer in lijkt te hebben, spreken ze af dat de verpleegkundige contact met hem opneemt en hem voorlegt waar meneer M. bang voor is. De huisarts meldt haar later dat de vrouw tijdelijk is opgenomen omdat ze compleet in de war was. Haar man zorgt voor de baby en lijkt dat goed te doen.

Als de baby een half jaar oud is komt meneer M. opnieuw volgens afspraak op het consultatiebureau. Zijn zoon is flink gegroeid, komt goed uit alle testjes en maakt een vrolijke indruk. De arts vraagt hoe het met de moeder gaat. 'Ze komt volgende week thuis en krijgt dan nog een tijdje begeleiding,' vertelt de vader. Hij kijkt naar zijn lachende zoon op zijn schoot en zegt dan: 'Gek hè, dat het zo goed is gegaan terwijl zijn moeder er niet was.' De verpleegkundige vraagt of hij er tegen opziet om de zorg voor het kind weer aan zijn vrouw over te laten. 'Een beetje wel, vooral omdat ze nog niet wil gaan werken en zelf voor de baby wil zorgen. Aan de ene kant begrijp ik dat wel, maar aan de andere kant hou ik een beetje mijn hart vast.' De verpleegkundige biedt aan binnenkort een keer op huisbezoek te komen als de ouders dat willen. 'Uw vrouw moet misschien een beetje geholpen worden om meer zelfvertrouwen te krijgen als moeder. Bovendien is het belangrijk voor uw zoon dat hij ook met haar een hechte band krijgt.' De vader zegt dat hij het voorstel met de moeder zal bespreken, maar hij is wel bang dat ze zich vreselijk schaamt voor haar gedrag van de afgelopen maanden.

De vraag achter de vraag zien

Soms zijn de dingen niet wat ze lijken. De bezorgdheid van mevrouw M. over het huilen van haar baby is een voorbeeld van een goed verpakte vraag om aandacht voor haar eigen onzekerheid als moeder. Dat doet ze niet bewust. Maar eigenlijk is haar eigen gezondheidssituatie zorgelijker dan die van haar zoon. Het eerste signaal is het feit dat ze nauwelijks lichamelijk contact met de baby heeft. Maar hoe ver dat gaat, wordt de verpleegkundige pas duidelijk als meneer M. vertelt dat hij bang is dat zijn vrouw de baby iets zal doen. In eerste instantie ontneemt de zoektocht van de moeder naar informatie over de oorzaken van het huilen de verpleegkundige het zicht op haar eigen aandeel in het probleem. Hoewel de verpleegkundige wel een adequaat advies over het huilen geeft, besteedt ze wellicht te weinig aandacht aan de toestand van de moeder. Gelukkig is de vader alert genoeg om de afspraak van een paar weken later van zijn vrouw over te nemen. Voor hetzelfde geld was er niemand komen opdagen. Wat in dit geval meespeelde was dat de huisarts ook niet door had dat de – intelligente, goed geïnformeerde en mondige – moeder in psychische nood verkeerde. Daardoor was de vader op het consultatiebureau aangewezen om een bemiddelende rol tegenover de huisarts te spelen en om hem te steunen in de verzorging van zijn zoon. Het is inderdaad de vraag of het de wijkverpleegkundige zal lukken om opnieuw contact te krijgen met de moeder. In dit geval ligt het voor de hand eerst even te overleggen met de instelling waar ze behandeld is om te kijken welke hulp het meest op zijn plaats is.

3 Het voeren van gesprekken met ouders

Voor het voeren van gesprekken met ouders in verband met bezorgdheid over de opvoedingssituatie of bij signalen van kindermishandeling of verwaarlozing, is een aantal vuistregels te geven dat in praktisch elk gesprek van pas komt. Deze regels zijn gebaseerd op verschillende modellen die onder andere in trainingen worden toegepast. Ze hebben betrekking op het structureren van gesprekken, het benaderen van de ouders, het omgaan met hete hangijzers en het bieden van opvoedingsondersteuning. Hoe kun je ouders met je zorgen of vermoedens confronteren, en daarbij door een ondersteunende manier van werken een goede relatie met hen behouden?

STAP VOOR STAP, FASE NA FASE

Voordat een gesprek plaatsvindt is het belangrijk om voor jezelf expliciet een doel te formuleren en het gesprek voor te bereiden en te structureren. Dit kan eventueel met collega's samen gebeuren. Gespreksdoelen kunnen zijn: bespreekbaar maken van de zorgen en problemen, vertrouwen winnen van de ouders en ouders motiveren voor verwijzing en behandeling.
Ook al loopt het anders dan je hoopt of verwacht, door een bepaalde opbouw in gedachten te houden kun je voorkomen dat het gesprek stuurloos wordt. Door tijdens het gesprek actief stappen of fasen aan te brengen
– bijvoorbeeld door bewust samen te vatten en nieuwe onderwerpen aan te snijden – is het makkelijker om de regie over het gesprek te houden, je eigen rol daarin duidelijk voor ogen te houden en het doel van het gesprek te bewaken.
Dat betekent echter niet dat er een lijstje met punten moet worden

afgewerkt; het gaat om het voeren van een gesprek (of een aantal gesprekken) dat sterk gericht is op het uitwisselen van ervaringen, meningen en gevoelens.

Stappen of fasen

De stappen of fasen die in een gesprek met ouders kunnen worden onderscheiden, komen neer op de volgende vijf onderdelen:

1.   Contact leggen

In deze fase is het belangrijk de ouder op zijn of haar gemak te stellen, bijvoorbeeld door de ouder op een prettige manier te begroeten, waardering uit te spreken voor diens komst en te informeren naar diens actuele situatie, bijvoorbeeld door te zeggen: 'Fijn dat je gekomen bent', 'Hoe gaat het nu met …?' Het is belangrijk in te gaan op wat de ouder aangeeft en te proberen een goede basis te leggen voor het verdere gesprek.

2.   De aanleiding en het doel van het gesprek uitleggen

In deze fase vertel je waarom je dit gesprek met de ouder wilt voeren, en hoe je je dit gesprek hebt voorgesteld. Daarbij is het belangrijk om helder en concreet uit te leggen waarom je je zorgen maakt, liefst aan de hand van eigen waarnemingen.

Bij de uitvoering van deze stap zijn verschillende accenten te leggen. Zo kan het gesprek in eerste instantie gaan over zorgen die je je maakt om de ouder. Een reden om het zo aan te pakken kan zijn dat het voor de ouder te confronterend is als het gesprek meteen over het kind gaat. Het omgekeerde kan echter ook het geval zijn: als ouders moeite hebben over zichzelf te praten, kan de situatie van de kinderen een beter aanknopingspunt voor het gesprek zijn.

Het gespreksdoel dat je de ouders uitlegt moet uiteraard aansluiten op het doel dat je je bij de voorbereiding hebt gesteld, maar in deze fase staat voorop dat je een sfeer schept waarin je je zorgen bespreekbaar maakt en waarin je samen met ouders kunt nadenken over een mogelijke aanpak.

3.   Het concrete probleem bepalen waarover het gesprek gaat

Nadat je de ouder hebt voorgelegd waarom je je zorgen maakt, bied je hem of haar de gelegenheid daar direct op te reageren, bijvoorbeeld door te vragen: 'Hoe vind je het dat ik dit zeg?', 'Herken je dat?', of 'Wil je het hier met mij over hebben?' Vervolgens is het belangrijk in te gaan op eventuele vragen, emoties of weerstanden van de ouder.

Als ouders geen idee hebben waarover de arts of verpleegkundige zich zorgen maakt, of daar een heel andere opvatting over hebben, is er meer tijd nodig om vast te stellen wat het probleem is. Dit vraagt van de arts of verpleegkundige om het eigen perspectief duidelijk te maken, maar ook om de ouder te stimuleren eigen vragen en informatie naar voren te brengen. Voorkomen moet worden dat het een welles-nietesdiscussie wordt. Daarom is het belangrijk ouders in deze fase de tijd te geven om hun verhaal te doen. Vervolgens moet je met de ouder gezamenlijk vaststellen waarover het vervolg van het gesprek zal gaan. Een manier om dat te doen is een mondelinge afspraak te maken, soms een 'contract' genoemd, over het – voorlopige – doel van het gesprek en de wijze waarop het gesprek wordt gevoerd. Zo'n afspraak schept duidelijkheid en benadrukt het serieuze karakter van het gesprek.

4. Het vastgestelde probleem bespreken

Belangrijke gesprekstechnieken zijn hiervoor: ingaan op de onderwerpen die de ouder inbrengt, doorvragen, af en toe samenvatten en ordenen, zo nodig dieper ingaan op een bepaald onderwerp. Het gesprek kan afwisselend verkennend en analyserend van karakter zijn, waarbij je als beroepskracht de rol van 'meedenker' vervult, of meer informatief, adviserend en ondersteunend, waarbij je soms meer volgend te werk gaat en soms meer sturend of confronterend optreedt. Welke rol je kiest hangt onder andere af van de reactie van de ouder, en de mate waarin die de zorgen herkent, bevestigt of juist ontkent, en van diens motivatie om bepaalde zaken aan te pakken. Je zult duidelijk moeten maken wat je als beroepskracht te bieden hebt en wat andere instanties kunnen doen, maar vooral ook moeten proberen de ouder te activeren om zelf oplossingen te bedenken.

In deze fase is het extra belangrijk zaken te benoemen die in de communicatie gebeuren, bijvoorbeeld als de ouder boos wordt, 'afhaakt' of andere emoties toont. Controleer bij de ouder of jouw beleving klopt met die van de ouder. Ook wanneer je eigen reacties of onzekerheden het je moeilijk maken goed naar de ouder te luisteren, kan het goed werken om deze gevoelens of dilemma's te benoemen, bijvoorbeeld door te zeggen 'Je zegt nu dit, maar eigenlijk vraag ik me af of …'

Het gesprek zal in deze fase een goede balans moeten hebben tussen enerzijds betrokken en ondersteunend ingaan op de problemen van de ouder – ook wel 'naast de ouder staan' genoemd – en anderzijds de ouder aanspreken op diens verantwoordelijkheid voor het welzijn van het kind. Het streven in deze fase is om samen met de ouder vast te stellen hoe het probleem nu verder aangepakt gaat worden.

5.   *Een gezamenlijke conclusie trekken en het gesprek afronden*
De afronding van het gesprek moet duidelijk aan de ouder worden aangekondigd, en er moet voldoende tijd voor worden uitgetrokken, bijvoorbeeld tien minuten op een gesprek van drie kwartier. Tijdens deze afronding geef je een korte samenvatting van wat er besproken is, wat dit heeft opgeleverd en tot welke vervolgstappen dit gaat leiden. Belangrijk is na te gaan of de ouder het met deze samenvatting eens is en of het gesprek voor de ouder voldoende heeft opgeleverd. Maak vervolgens samen met de ouder afspraken over een nieuw gesprek, praktische oplossingen waaraan gewerkt gaat worden en zo nodig een begeleide verwijzing naar een ander hulpaanbod. Ga na of bepaalde dringende zaken nog niet aan de orde zijn geweest. Vertel de ouder of en hoe de uitkomsten van het gesprek in het dossier worden genoteerd.
De afronding van het gesprek moet tevens voorkomen dat de ouder overmand door emoties de deur uit gaat. Een afspraak voor een snel vervolgcontact kan daarbij nuttig zijn.

Door de draaideur

Om te verklaren waarom ouders niet altijd kunnen meegaan in de lijn van het gesprek zoals de beroepskracht dat voor ogen heeft, is het zogeheten 'draaideurmodel' ontwikkeld. In dit model worden de verschillende stadia beschreven die mensen doorlopen in een veranderingsproces (Prochaska en DiClemente 1984). De cirkel van de draaideur kent zes segmenten die te zien zijn als stadia van (motivatie voor) verandering. Tijdens het doorlopen van die stadia vanaf de 'ingang' van de draaideur kan de ouder tussentijds afhaken omdat hij of zij op een weerstand of blokkade stuit. De beroepskracht moet daarom voortdurend alert zijn op de vraag in welk stadium de ouder zich bevindt, om te voorkomen dat er 'faseverschillen' ontstaan waardoor bij de ouder blokkades optreden. Dit kan betekenen dat er geregeld een stap terug gezet moet worden, totdat uiteindelijk alle stadia doorlopen zijn en de 'uitgang' wordt bereikt.

De stadia in dit model zijn:
- *voorbeschouwing*: ouders ontkennen het probleem;
- *overpeinzing*: ouders zien het probleem, maar zien niet in dat zij daar iets aan moeten doen;
- *besluit:* ouders zien het probleem en willen er iets aan doen;
- *actieve verandering*: ouders zijn bezig het probleem aan te pakken;
- *consolidatie:* het probleem is aangepakt, de opvoedingssituatie is veranderd;
- *terugval*: ouders kunnen de verandering niet vasthouden.

In elk stadium kunnen blokkades optreden die een bepaalde houding en specifieke vaardigheden van de arts of verpleegkundige vragen. Zo is het in het stadium waarin ouders het probleem ontkennen belangrijk om een houding aan te nemen van accepteren en uitlokken door vragen te stellen, goed te luisteren, te verhelderen, samen te vatten en te confronteren. Dit is nodig omdat weerstand bij de ouders bijvoorbeeld veroorzaakt kan worden door onvoldoende kennis van het probleem, een andere inschatting van de situatie, onduidelijkheid over het doel van het gesprek, angst, een laag gevoel van eigenwaarde of een gevoel van falen.

Tijdens het stadium van de overpeinzing werkt een accepterende en vragende houding stimulerend. Wat vaardigheden betreft gaat het er vooral om mogelijkheden op een rijtje te zetten en informatie te geven, zodat ouders hun eigen belang bij een verandering van de situatie gaan zien en hun gevoel van onmacht en incompetentie overwinnen.

In de volgende stadia draait alles om het ondersteunen van ouders bij het kiezen van doelen en oplossingen en het overwinnen van angst en onzekerheid. Daarvoor zijn vooral vaardigheden nodig als bevestigen en belonen en 'actief luisteren'.

Actief luisteren

Om ouders te stimuleren hun verhaal te vertellen is het belangrijk hen na het stellen van een vraag te blijven aankijken en hun met lichaamstaal zoals houding, knikken en geluiden zoals 'hmm' of 'ja' duidelijk te maken dat ze aandacht krijgen.

Stiltes in het gesprek zijn niet erg; vaak vertellen ouders daarna pas hoe ze een situatie zelf ervaren. Voorwaarde voor actief luisteren is dat je oprechte belangstelling hebt voor hetgeen de ouder te vertellen heeft en het niet als 'trucje' toepast. Bovendien moet je tijd aan de ouder kunnen besteden. Door je in te leven in de ouder kun je leren 'tussen de regels door te luisteren' en dieper in te gaan op opmerkingen of vragen van de ouder. Uit onderzoek (Caris 1997) blijkt dat actief luisteren stimuleert dat cliënten zelf langer aan het woord zijn over problemen en oplossingen.

OPENHEID SCHEPPEN

Om te voorkomen dat ouders zich beschuldigd of aangevallen voelen en daardoor met tegenzin aan het gesprek meewerken, is het belangrijk hen met open vizier te benaderen. Daarvoor is het volgen van drie gedragsregels essentieel:
- open vragen stellen;
- benoemen wat je ziet;
- persoonlijke indrukken weergeven.

Open vragen stellen

Open vragen zijn vragen die ouders stimuleren over hun ervaringen te vertellen en uitleg te geven over hun situatie. Voorbeelden zijn: 'Wat doet u als uw kind maar niet ophoudt met huilen?', en: 'Hoe voelt u zich dan?' Een gesloten vraag zou in dit geval zijn: 'Slaat u uw kind wel eens als het niet ophoudt met huilen?' Zo'n gesloten vraag is op zijn plaats wanneer het gesprek al op gang is en deze vraag onvermijdelijk is om een goed inzicht in de opvoedingsmethoden te krijgen of om iemand te stimuleren tot een uitspraak.

Benoemen wat je ziet

Om te voorkomen dat ongemerkt vooroordelen of persoonlijke gevoelens van de arts of verpleegkundige doorklinken in het gesprek, is het belangrijk te praten over zichtbare feiten of over zichtbaar gedrag dat aanleiding is voor zorg, bijvoorbeeld: 'Ik zie dat … en daar maak ik me zorgen over.' Zo'n aanpak maakt het voor ouders makkelijker om de vraag te begrijpen en uitleg te geven over oorzaken of omstandigheden, zonder zich meteen heel erg beschuldigd te voelen. Wanneer ouders eigen verklaringen hebben voor wat je waarneemt, kan over de achtergronden en effecten daarvan worden doorgepraat. Ook daarbij is het goed zo veel mogelijk over concrete feiten en omstandigheden te praten en zo min mogelijk te suggereren. Het gaat er niet om ouders te betrappen op fouten of leugens, maar om hen zelf te laten inzien dat er iets fout gaat of dreigt te gaan in de opvoeding van hun kinderen.

Vaak biedt het gesprek zelf verschillende kansen om te reageren op waarneembaar gedrag, bijvoorbeeld wanneer iemand boos wordt, niet reageert op een vraag of op een bepaalde manier met een kind omgaat.

Persoonlijke indrukken weergeven

Om te zorgen dat de interpretatie van bepaalde feiten of gedragingen ouders niet meteen afschrikt of boos maakt, is het raadzaam om niet alleen te benoemen wat je ziet, maar dat ook zo veel mogelijk in de eerste persoon – de ik-vorm – te doen, bijvoorbeeld: 'Ik zie dat u daar boos om wordt'; 'Ik heb de indruk dat het u allemaal een beetje te veel wordt'; 'Ik heb het gevoel dat uw kind erg bang is, bent u dat met mij eens?'

Vooral wanneer het moeilijk is een onderwerp aan te snijden aan de hand van concrete feiten of zichtbaar gedrag, is het belangrijk dat de arts of verpleegkundige niet doet alsof hij of zij de waarheid in pacht heeft. Door persoonlijke indrukken of gevoelens onder woorden te brengen krijgen ouders de ruimte om hun kant van het verhaal te vertellen en hun mening te geven. In de dialoog die daardoor ontstaat is het makkelijker tot een bepaalde conclusie of oplossing te komen, dan wanneer aan twee kanten stellingen worden betrokken. Bovendien is het eerlijk en verhelderend om eigen gedachten en gevoelens uit te spreken op het moment dat die het gesprek sterk beïnvloeden, bijvoorbeeld: 'Ik schrik van wat u vertelt.'

Bij het weergeven van je persoonlijke indrukken en gevoelens is het niet de bedoeling dat je als arts of verpleegkundige je autoriteit gebruikt om ouders te overtuigen. Pas wanneer de ouders het eens zijn met jouw analyse van de situatie en de noodzaak om iets te ondernemen – zie wat hiervoor geschreven is over stappen, fasen en draaideurmodel –, kun je je deskundigheid inzetten om ouders te adviseren, afgestemd op hun behoeften.

ZEGGEN WAAR HET OM GAAT

In een gesprek met ouders over de redenen die de arts of verpleegkundige heeft om zich zorgen te maken over de opvoedingssituatie, bestaat het risico dat er lang 'om de hete brij wordt heen gedraaid'. Dat kan worden voorkomen door op een aantal punten te zeggen waar het om gaat. Dat geldt voor het belang van het kind, de verantwoordelijkheid van de ouders, de angst voor uithuisplaatsing en de bescherming van de privacy. Het hangt sterk van het verloop van het gesprek af wanneer deze onderwerpen aan bod moeten komen. Het is niet handig ze allemaal in de inleiding aan te snijden, tenzij ouders met dringende vragen zitten. Vaak zullen deze onderwerpen een aantal keren terugkomen, omdat ze van essentieel belang zijn voor het contact. Zoals gezegd is het streven ouders te confronteren met de redenen voor bezorgdheid, maar tegelijkertijd de relatie met hen te behouden.

Het belang van het kind als uitgangspunt nemen

'Waar bemoei je je mee?' Als ouders die vraag niet direct aan hen stellen, doen artsen en verpleegkundigen dat vaak wel aan zichzelf. Soms is het voor hen ook een reden om in een gesprek niet te zeggen waarom ze zich zorgen maken. Vaak is dat zonde van de tijd en energie en het maakt ouders alleen maar achterdochtiger. Het is beter een duidelijk antwoord te geven: omdat de jeugdgezondheidszorg net als de ouders verantwoordelijk is voor de gezondheid van het kind.

Het gesprek met de ouders vindt plaats omdat het een gezamenlijke taak is om het kind in zijn ontwikkeling zo veel mogelijk te helpen en te beschermen tegen negatieve invloeden. Ouders en jeugdgezondheidszorg hebben daarom een gemeenschappelijk belang. Ze staan niet tegenover elkaar, maar naast elkaar. Ouders werken binnen het gezin aan dat belang van het kind, en de jeugdgezondheidszorg staat klaar om daarbij te helpen als dat nodig is.

'Maar wie bepaalt dan dat het nodig is?' is een voor de hand liggende vervolgvraag. Het antwoord luidt dat ouders en werkers in de jeugdgezond-heidszorg dat in principe samen bepalen, maar dat een van beide partijen het initiatief kan nemen voor een gesprek. De jeugdgezondheidszorg heeft dus ook een eigen verantwoordelijkheid om het 'er niet bij te laten zitten' en het belang van het kind soms op de eerste plaats te zetten.

De ouder aanspreken op zijn verantwoordelijkheid

Als het ouders niet lukt de opvoeding soepel te laten verlopen kunnen de spanningen met hun kinderen steeds verder oplopen en uiteindelijk tot kindermishandeling leiden. Dit verschijnsel kan verklaard worden uit een aantal problemen van ouders:
- onvoldoende stressbestendigheid en veerkracht;
- gevoelens van onzekerheid en onmacht, als gevolg van een negatief zelfbeeld;

- gevoelens van eenzaamheid en isolement;
- relatieproblemen met de partner;
- onbekendheid met de vroegkinderlijke ontwikkeling;
- beperkt pedagogisch besef;
- affectieve verwaarlozing in de eigen jeugd;
- schuld- en schaamtegevoelens;
- conflicten waarbij de eer van de familie in het geding is.

Een belangrijk doel van het gesprek met ouders is te onderzoeken van welke problemen zij last hebben en wat zij kunnen doen om meer greep op de situatie te krijgen. Bovengenoemde problemen zullen daarbij vaak aan het licht komen.

Het is belangrijk de ouder voldoende veiligheid te bieden om zijn problemen naar voren te brengen, zodat er ook ruimte komt om na te denken over mogelijke oplossingen. Wanneer dit gesprek een confronterende of moraliserende toon heeft, kan dit echter al gauw op een soort verhoor gaan lijken en voelt vooral de onzekere ouder zich nog machtelozer en nog meer incompetent.

In plaats van de zwakke punten in de opvoedingssituatie op die manier te benadrukken, is het beter ouders bij het stellen van vragen – zo veel mogelijk in termen van zichtbaar gedrag – steeds aan te spreken op hun verantwoordelijkheid als ouder, en op hun vermogen en wil om die verantwoordelijkheid te nemen. Tegelijkertijd kan de arts of verpleegkundige benadrukken dat het geen teken van zwakte is als ouders daarbij hulp nodig hebben. Sterker nog, het inschakelen van derden is vaak de enige manier om spanningen in opvoedingssituaties weg te nemen.

Een belangrijke doorbraak in het denken van ouders wordt bereikt wanneer zij zich realiseren dat zij door het inschakelen van hulp onder hun eigen voorwaarden niet hun verantwoordelijkheid voor hun kinderen uit handen geven, maar die juist meer zelf in de hand nemen.

De angst voor uithuisplaatsing wegnemen

Wanneer ouders onzeker en gespannen zijn over hun eigen capaciteiten als opvoeder, kan het gesprek met een arts of verpleegkundige de angst oproepen dat hun kinderen hun worden afgenomen. Vooral ouders die zelf als kind vergelijkbare situaties hebben meegemaakt, ouders die nog strijden met ex-partners over de voogdij, ouders die met justitie in aanraking zijn geweest, en ouders die niet bekend zijn met de Nederlandse wetgeving op dit gebied, kunnen bang zijn voor uithuisplaatsing. De jeugdgezondheidszorg zal daarom duidelijk moeten maken dat justitiële maatregelen niet de inzet van het gesprek zijn, en dat het juist de bedoeling is te voorkomen dat ingrijpen van buitenaf ooit nodig zal zijn.

Om – oneerbiedig gezegd – geen 'slapende honden wakker te maken' is het belangrijk dit onderwerp alleen uitgebreid aan de orde te stellen wanneer in het gesprek blijkt dat ouders deze angst hebben. Daarmee kan voorkomen worden dat ouders die nog niet op het idee waren gekomen, zich onnodig zorgen gaan maken en de uitleg verkeerd interpreteren. Het is met andere woorden een kwestie van onderzoeken, inschatten en aanvoelen of het nodig is aan deze angst aandacht te besteden.

Bescherming van de privacy

Een onderwerp dat in ieder contact op enig moment duidelijk aan de orde moet komen is hoe de jeugdgezondheidszorg omgaat met gegevens van het gezin. Ouders moeten weten dat hun privacy wordt beschermd doordat de jeugdgezondheidszorg geen gegevens aan derden verstrekt zonder hun toestemming. Bovendien hebben zij de mogelijkheid hun eigen dossier in te zien en zo nodig beroep aan te tekenen als ze het niet eens zijn met de inhoud. Dat geldt ook voor het verslag van het actuele gesprek.

Het uitleggen van deze maatregelen is niet alleen verplicht, het is ook een manier om 'ruis' in de communicatie met de ouders te voorkomen of weg te nemen.

Een dilemma dat hiermee niet wordt opgelost is de vraag wat de arts of verpleegkundige met zijn plicht tot geheimhouding doet bij sterke vermoedens van kindermishandeling. In dat geval zal de betrokkene een persoonlijke afweging en keuze moeten maken om hierover – al dan niet gesteund door de organisatie waarvoor hij of zij werkt – contact op te nemen met een Advies- en Meldpunt Kindermishandeling. Door een recente wijziging in de Wet op de jeugdhulpverlening hebben alle functionarissen met een beroepsgeheim of een zwijgplicht nadrukkelijk het recht gekregen om zonder toestemming van de patiënt of cliënt een melding te doen van een vermoeden van kindermishandeling bij een AMK.

Een advies- of consultvraag kan op anonieme basis plaatsvinden. Voor een melding geldt dit in principe ook, maar in de praktijk stimuleert het AMK dat de melding met de ouders wordt besproken. De reden daarvan is dat een 'open' melding betere mogelijkheden biedt om het contact met de ouders aan te gaan en de problemen effectief aan te pakken.

OPVOEDINGSONDERSTEUNING BIEDEN

Binnen de jeugdgezondheidszorg bestaan verschillende mogelijkheden om ouders in vervolg op een eerste gesprek opvoedingsondersteuning te bieden. In aansluiting op hun contacten via het consultatiebureau kunnen wijkverpleegkundigen zelf vaak gedurende een beperkt aantal afspraken met ouders werken aan het onderzoeken van knelpunten en het verbeteren van de opvoedingssituatie. Voor deze individuele pedagogische ondersteuning zijn verschillende methodieken beschikbaar (Blokland 1996; Burggraaf-Huiskes 1999; Timmers-Huigens 2001; Uittenboogaard 2000).

Op basis van de vertrouwensrelatie die de jeugdgezondheidszorg door deze gesprekken met ouders opbouwt, kunnen ook andere vormen van hulpverlening worden benut, met name wanneer sprake is van ernstige problematiek.

Ouders stimuleren tot beter zorgen

Het doel van opvoedingsondersteuning vanuit de jeugdgezondheidszorg is het bevorderen van de eigen mogelijkheden en de verantwoordelijkheid van ouders tegenover hun kinderen. Daarvoor wordt bij voorkeur een aanpak gehanteerd die uitgaat van de beleving van de ouders en die niet bevoogdend of controlerend is.

Wat kinderen nodig hebben

Vooral de educatieve kant van opvoedingsondersteuning draagt het risico in zich een sterk normatief karakter te krijgen. Daarom wordt verpleegkundigen geadviseerd bij het bespreken van problemen in de opvoedingssituatie als vertrekpunt te nemen wat kinderen in het algemeen nodig hebben om gezond op te groeien. De verpleegkundige kan met ouders bespreken op welke manier zij vinden dat zij aan deze verschillende behoeften tegemoetkomen, of zouden moeten komen. Daarbij kan aan de orde komen dat jonge kinderen bijvoorbeeld behoefte hebben aan adequate verzorging, een veilige woonomgeving, persoonlijke aandacht van hun verzorgers, een opvoeding zonder geweld, regelmaat, realistische grenzen, emotionele veiligheid en geborgenheid, stimulansen voor hun ontwikkeling en – vanaf een jaar of 2 – omgang met leeftijdgenoten.

Het verschilt per opvoedingssituatie welk onderwerp vervolgens specifieke aandacht verdient. Het is ook niet de bedoeling ouders aan de hand van deze punten een 'les' te geven over wat hun kind nodig heeft. Onderwerpen waar de ouders zelf vragen of opmerkingen over hebben bieden het beste aanknopingspunt. Bijvoorbeeld wanneer een baby van bijna een jaar heel stil en passief is, kan het nodig zijn dat de ouders het meer stimuleren door middel van aandacht en speelgoed. En als een kind van 3 steeds probeert zijn jongere broertje of zusje uit te dagen, wordt het misschien tijd voor meer contact met leeftijdgenootjes. Vaak zal het gesprek gaan over de verschillende mogelijkheden die de ouders hebben om in de behoeften van hun kinderen te voorzien, ondanks allerlei beperkingen.

Fasen van ondersteuning

In grote lijnen verlopen de gesprekken in het kader van opvoedingsondersteuning volgens dezelfde fasen als het eerste gesprek: nadat de verpleegkundige een beeld heeft gekregen van de opvoedingssituatie en de problemen die daarin spelen, stelt hij of zij samen met de ouder een doel vast waaraan vervolgens wordt gewerkt. In elk vervolggesprek wordt bekeken of het doel gehaald is en welke andere problemen nog spelen.

Door het doorlopen van deze fasen groeit meestal niet alleen het inzicht van de ouder in zijn eigen situatie, maar neemt ook het zelfvertrouwen vaak toe. Het is de bedoeling dat de ouder na een aantal bijeenkomsten zelf in staat is problemen op te lossen en daarmee crisissituaties te voorkomen.

Eigen ervaringen van ouders bespreken

Omdat de eigen ervaringen als kind vaak een belangrijke rol spelen op het moment dat mensen zelf ouder zijn, is het belangrijk om daar tijdens de opvoedingsondersteuning aandacht aan te besteden.

De ene ouder kan slechte herinneringen aan de eigen jeugd hebben, terwijl de andere ouder met grote vanzelfsprekendheid dezelfde opvoedingsstijl als de eigen ouders hanteert. In beide gevallen kunnen deze ouders onbewust bepaalde aspecten van de opvoeding van hun eigen kinderen over het hoofd zien of juist te veel nadruk geven. Bovendien kan de confrontatie met situaties die doen denken aan situaties in het eigen verleden leiden tot – emotionele – reacties die op het eerste gezicht onverklaarbaar zijn. Het bespreken van de eigen opvoeding in relatie tot de eigen opvoedingsvaardigheden kan zeer verhelderend werken, maar is vaak ook een erg gevoelig onderwerp. De verpleegkundige moet een reële inschatting kunnen maken van het effect. Als het een te ingrijpend gespreksonderwerp lijkt te zijn, bijvoorbeeld omdat de kans groot is dat er misbruik heeft plaatsgevonden, is het soms verstandiger om een gespecialiseerde hulpverlener in te schakelen wanneer de betrokken ouder dat wenst.

Verwijsmogelijkheden benutten

Soms kan de problematiek die in de contacten met ouders aan het licht komt de taken en competentie van de arts of verpleegkundige te boven gaan, bijvoorbeeld bij ernstige verslavingsproblematiek, mishandeling, criminaliteit of psychiatrische problemen.

Buiten de jeugdgezondheidszorg bestaan diverse mogelijkheden om ouders met ernstige problemen geëigende vormen van hulp aan te bieden. Te denken valt bijvoorbeeld aan Bureaus Jeugdzorg, Jeugd Geestelijke Gezondheidszorg, *Families First*, sociaal-pedagogische diensten, gespecialiseerde gezinsverzorging, algemeen maatschappelijk werk en hulpverlening aan verslaafde ouders of ouders met psychiatrische problematiek.

De arts of verpleegkundige die een van deze vormen van hulpverlening adviseert, doet er goed aan het niet bij een vrijblijvend advies te laten, maar te zorgen dat ouders die daarvoor gemotiveerd zijn ook snel in contact komen met de verantwoordelijke personen binnen of buiten de eigen organisatie.

Wachtlijsten en langdurige aanmeldingsprocedures zijn funest voor de motivatie van ouders, zeker als die niet voor honderd procent overtuigd zijn van de noodzaak. De arts of verpleegkundige zal daarom persoonlijk goed op de hoogte moeten zijn van de concrete mogelijkheden voordat hij of zij de ouders het voorstel doet. Zo nodig zal hij of zij hierbij ook de huisarts als formele verwijzer op een motiverende manier moeten betrekken. Vaak zal de verpleegkundige als vertrouwd persoon voor de ouders als intermediair moeten optreden tussen hen en de hulpbiedende instantie en erop moeten letten of de hulpverlening ook echt op gang komt.

Adviezen voor het voeren van gesprekken met ouders om zorgen over hun kinderen te delen:

- Maak gebruik van je deskundigheid, maar stel je niet op als deskundige of autoriteit; gebruik geen vaktermen en respecteer de eigen kennis van de ouders.
- Laat de ouders rustig uitpraten en reageer niet veroordelend of verontwaardigd.
- Heb niet alleen maar kritiek op de gezondheid of de ontwikkeling van het kind, maar vertel ook wat wel goed gaat.
- Beschuldig ouders niet, maar wees wel duidelijk over de ernst van het probleem dat je signaleert.
- Geef ouders de tijd om hun weerstand tegen het bespreken van het onderwerp te overwinnen; laat ze eerst stoom afblazen en toon begrip voor hun reactie.
- Zorg ervoor dat het belang van het kind in het gesprek centraal blijft staan.
- Spreek ouders aan op hun verantwoordelijkheid en stimuleer ze om zelf oplossingen te vinden.
- Stel je op als iemand die kan adviseren en helpen; niet als iemand die het probleem kan oplossen.
- Neem bij vermoedens van kindermishandeling, en bij gebrek aan mogelijkheden om dit zelf nader te onderzoeken of met de ouders bespreekbaar te maken, contact op met een Advies- en Meldpunt Kindermishandeling (AMK). Een adviesvraag en melding vanuit de jeugdgezondheidszorg kunnen beide anoniem plaatsvinden, maar voor een melding geldt dat het AMK zal stimuleren dat deze met medeweten van de ouders plaatsvindt.

'Hij moet weten wie hier de baas is'

De ouders van de driejarige Kevin zijn al twee keer niet op de afgesproken tijd op
het consultatiebureau verschenen. Het gezin is pas in de wijk komen wonen en
niemand op het bureau weet waarom ze niet zijn gekomen. Een van de verpleeg-
kundigen besluit een huisbezoek af te leggen om te kijken wat er aan de hand is.
Het adres ligt in een afbraakbuurt die berucht is vanwege de aanwezigheid van
drugsdealers. Voor de zekerheid vraagt ze de assistente haar onderweg een paar
keer te bellen op haar mobiele telefoon. Op het opgegeven adres doet een man de
deur open. 'Kevin? O, die ligt net te slapen', zegt hij. Als de verpleegkundige vraagt
of ze even binnen met hem kan praten, zegt hij dat het niet goed uitkomt omdat
hij bezoek verwacht en zijn vrouw niet thuis is. 'Kunt u over een uurtje terugkomen,
dan is mijn vrouw er ook?' vraagt hij. De verpleegkundige spreekt dat met hem af en
meldt het aan de assistente.
Een uur later treft ze een Aziatische vrouw, vermoedelijk de moeder van Kevin,
alleen thuis aan. Na enig aarzelen laat de vrouw haar binnen. Ze spreekt geen
Nederlands, maar wel een beetje Engels. De verpleegkundige vraagt waar Kevin
is. De moeder wijst naar de slaapkamer waar Kevin zit te spelen. Als de verpleeg-
kundige haar hand naar hem uitsteekt, duikt hij angstig weg. Ze ziet dat hij een
armpje in het gips heeft en een pleister op zijn knie en vraagt wat er is gebeurd. De
moeder zegt dat hij is gevallen toen hij uit zijn bedje probeerde te klimmen. Ze kijkt

de verpleegkundige daarbij niet aan. De verpleegkundige legt haar uit dat ze voor
controle op het consultatiebureau moet komen en geeft haar een kaartje met een
afspraak.

Als de ouders van Kevin weer niet op de afgesproken tijd op het bureau verschijnen,
belt de verpleegkundige hen. 'Mijn man is niet thuis en ik weet de weg niet', geeft de
moeder als reden. 'Waarom komt uw man dan niet?' vraagt de verpleegkundige.
'Dat wil hij niet', zegt de moeder. De verpleegkundige vraagt wanneer zij de vader
kan bereiken. 'Weet ik niet', zegt de moeder.
Na overleg in het team besluit de verpleegkundige de huisarts te bellen voor meer
informatie. Die vertelt dat hij Kevin en zijn ouders maar één keer gezien heeft, toen
ze net in de buurt waren komen wonen. Hij vermoedt dat Kevin het gips op de Eerste
Hulp van het ziekenhuis heeft gekregen. De verpleegkundige besluit opnieuw een
onaangekondigd huisbezoek te brengen om met de vader te praten. Deze keer doet
hij open en nodigt haar binnen. Kevin zit op de vloer van de huiskamer en kijkt de
verpleegkundige schichtig aan. Het gips is van zijn arm. Als de verpleegkundige
dat opmerkt, zegt zijn vader: 'Ja, u denkt zeker dat ik dat gedaan heb, hè? Nou, hij
deed het zelf, want hij klom uit zijn bedje terwijl hij wist dat het niet mocht. Hopelijk
leert hij er iets van.' De verpleegkundige zegt dat ze hem gelooft, maar dat ze zich
wel afvraagt waarom Kevin zo'n bange indruk maakt. 'Bang? Dat is toch niet erg?
Hij moet weten wie hier de baas is. Zijn moeder verwent hem te veel, maar ik leer
hem waar de grenzen liggen.' De verpleegkundige vraagt hem hoe hij dat doet.
'Gewoon af en toe een tik op zijn billen als hij niet luistert', zegt de vader stoer. De
verpleegkundige vraagt of dat helpt. 'Nou, zo ben ik ook opgevoed en ik ben er niet
slechter van geworden, toch?' zegt de vader uitdagend. 'Dat kan ik niet beoordelen',
antwoordt de verpleegkundige kalm. 'Maar ik vind het wel jammer dat uw zoon
bang is dat ik hem ook een tik kom geven. Dat maakt het niet echt makkelijk om
contacten met andere mensen te leggen, vooral als hij straks naar school gaat.'
De vader denkt even na en zegt dan: 'Ja, daar had ik ook last van als kind. Ik was

een beetje mensenschuw. Eigenlijk ben ik dat nog steeds.' De verpleegkundige

vraagt hem of hij daarom de afspraken op het bureau niet is nagekomen. Na enige

aarzeling zegt de vader 'Nu u het zegt, zal dat er wel mee te maken hebben; ik hou

niet zo van officiële instanties. Dat heb ik ook van thuis meegekregen, hoor.' De

verpleegkundige legt uit dat het consultatiebureau vooral bedoeld is om ouders

bij te staan en te adviseren als ze met vragen zitten en dat hij altijd een afspraak

kan maken als hij daar behoefte aan heeft. 'Misschien weet u manieren om Kevin

te leren beter te gehoorzamen', zegt hij. Ze maken een afspraak voor de volgende

week.

Een week later komen de ouders van Kevin zoals afgesproken met hem op het

consultatiebureau. De verpleegkundige geeft hem speelgoed en zegt dat hij daar

mee mag spelen. Kevin kijkt eerst angstig naar zijn vader, die 'ja' knikt. Daarna

bekijkt hij het speelgoed. Met zijn ouders bespreekt de verpleegkundige manieren

om Kevin te leren gehoorzamen. De moeder verstaat te weinig Nederlands om

het te volgen, maar de vader verzekert dat hij het haar later wel zal uitleggen. De

verpleegkundige vertelt in het Engels dat er in het buurthuis een cursus Nederlands

voor buitenlandse vrouwen wordt gegeven en dat het misschien goed is als Kevins

moeder daar naartoe gaat. Als hij volgend jaar naar school gaat, is het toch fijn als

ze zelf met de juf en met andere ouders kan praten.

De vrouw kijkt naar haar man en als die gebaart dat ze het zelf moet weten, begint

ze te lachen en knikt ze 'ja'. Ze wil graag naar school, maar wie past er dan op Kevin

als haar man moet werken? De verpleegkundige legt uit dat het buurthuis ook een

peuterspeelzaal heeft waar Kevin heen kan als zij naar de taalles gaat. De verpleeg-

kundige geeft de ouders verschillende folders mee, onder andere van de opvoed-

winkel in de buurt: 'Als u ergens vragen over hebt, dan kunt u daar ook terecht. En ze

zijn niet zo'n erg officiële instantie hoor', zegt de verpleegkundige met een glimlach

tegen de vader.

Weten wat je ziet

De ouders van Kevin maken geen goede eerste indruk. Ze komen hun afspraken niet na, ze wonen in een beruchte buurt en de vader doet net iets te stoer. Bovendien is er dat armpje in het gips waar de huisarts niets vanaf weet en die angstige reactie van het kind. De verpleegkundige krijgt pas contact met de ouders door haar vragen daarover te verwoorden. De vader blijkt niet zo stoer te zijn als hij zich voordoet, maar heeft het gevoel dat hij zijn gezin op die manier moet beschermen. Als hij vertelt over de corrigerende tik die hij zijn zoon op zijn billen geeft, veroordeelt de verpleegkundige hem niet, maar vraagt ze of dat effect heeft. Dat geeft de vader de ruimte om te vragen naar andere manieren om zijn zoon te leren gehoorzamen. Vervolgens is het onderling vertrouwen dusdanig dat de verpleegkundige met de suggestie voor de taalles van de moeder op de proppen kan komen. Ze neemt daarbij wel een risico omdat ze nog niet weet of de moeder dat wel wil, en of de vader dat toestaat. Aan de andere kant verbindt de verpleegkundige haar suggestie wel direct aan het belang van het kind. Verder maakt ze gebruik van haar kennis van de voorzieningen in de buurt zoals het buurthuis en de opvoedwinkel om de ouders op weg te helpen. Of deze ouders ook echt iets met deze informatie zullen doen is nog de vraag, maar de drempel van het consultatiebureau is in ieder geval verlaagd.

4 Organisatorische voorwaarden

Het voeren van gesprekken met ouders wanneer er redenen zijn voor bezorgdheid over de opvoedingssituatie, lijkt een vanzelfsprekend onderdeel van de jeugdgezondheidszorg. Toch blijkt het in de praktijk belangrijk te zijn dat de organisatie of instelling deze taak ook expliciet opneemt in haar beleid en zich verantwoordelijk voelt voor het scheppen van de voorwaarden voor de uitvoering.

Deze maatregelen van de werkgever kunnen een grote steun betekenen voor artsen en verpleegkundigen die de klus meestal in hun eentje moeten klaren.

INSTELLINGSBELEID FORMULEREN

Om te beginnen kunnen organisaties en instellingen in de jeugdgezondheidszorg het voorkomen van kindermishandeling en het bieden van opvoedingsondersteuning expliciet in hun beleid opnemen en onderbouwen met een heldere visie, waarin onder andere wordt vastgelegd welke risicogroepen extra aandacht nodig hebben.

Daardoor wordt voorkomen dat deze taken afhankelijk worden van persoonlijke belangstelling en ervaring en van de beschikbaarheid van menskracht, tijd en ruimte. Het formuleren van beleid op dit punt betekent dat in principe alle medewerkers zich voortaan bewust moeten zijn van de glijdende schaal tussen opvoedingsproblemen en kindermishandeling en hun eigen verantwoordelijkheden op het gebied van preventie, signalering en melding. Om ervoor te zorgen dat het geen papieren verhaal blijft, zijn echter ook concrete maatregelen nodig, met het daarbij behorende budget voor de uitvoering.

PROTOCOLLEN INVOEREN

Een belangrijk middel om binnen een organisatie helderheid te krijgen over de manier waarop met vermoedens van kindermishandeling moet worden omgegaan is het invoeren van een protocol kindermishandeling. Daarin staat onder andere hoe de medewerkers dienen te handelen bij signalen van kindermishandeling, wie binnen de organisatie verantwoordelijk is voor het begeleiden van medewerkers bij het reageren op die signalen en wanneer en waarvoor het Advies- en Meldpunt Kindermishandeling (AMK) wordt ingeschakeld. Ook kan hierbij de wijze van registratie in het jgz-dossier en de communicatie hierover met ouders worden betrokken.

In veel gevallen wordt het AMK in de regio als adviseur betrokken bij het opstellen en invoeren van het protocol, zodat tegelijkertijd ook een persoonlijke onderlinge kennismaking plaatsvindt. Het gevaar dat het protocol vervolgens ongebruikt in een la blijft liggen, kan worden ondervangen door aan de invoering van het protocol ook een studiedag, bijscholing of training voor de medewerkers te koppelen. Door zo veel mogelijk te putten uit hun eigen praktijkervaringen, wordt onder medewerkers het bewustzijn van de problematiek geactiveerd en vergroot en wordt het protocol eerder als houvast beschouwd.

TAAKOMSCHRIJVINGEN AANPASSEN

Een concrete vertaling van het instellingsbeleid ten aanzien van het voorkomen van kindermishandeling is het expliciet opnemen van het voeren van extra gesprekken met ouders in de taakomschrijving van – een deel van – de medewerkers in de jeugdgezondheidszorg. Wijkverpleegkundigen komen hiervoor vermoedelijk het meest in aanmerking, gezien hun opleiding en hun takenpakket. Zolang het een min of meer persoonlijke keuze is om extra gesprekken met ouders te voeren op grond van bezorgdheid, kan deze taak in de verdrukking komen of niet consequent worden uitgevoerd. Daarom is het zaak dat hun taakomschrijvingen en daarbij horende opleidingseisen worden aangepast, en dat tevens voor de zittende medewerkers wordt voorzien in geschikte mogelijkheden voor bijscholing en training.

FACILITEITEN REGELEN VOOR HET VOEREN VAN GESPREKKEN

Een praktische voorwaarde die gemakkelijk wordt vergeten, is dat voor het voeren van gesprekken met ouders extra faciliteiten nodig zijn in de zin van spreekkamers of andere ruimtes die privacy bieden. Vaak zullen die faciliteiten beschikbaar moeten zijn op betrekkelijk rustige momenten waarop weinig andere activiteiten plaatsvinden, bijvoorbeeld aan het einde van de dag.

Door het vooruitzicht van het gesprek zijn ouders soms zenuwachtig geworden, in de verdediging geschoten of boos geworden. In dat geval moet voorkomen worden dat de medewerker alleen met ouders in het gebouw achterblijft en zal bijvoorbeeld ook de assistente aanwezig moeten zijn. Tegelijkertijd moet de situatie waarin het gesprek plaatsvindt ouders ook niet afschrikken. Een beveiligingsbeambte bij de deur is daarom meestal geen optie.

In sommige gevallen moet ook opvang van de kinderen tijdens het gesprek worden geregeld, bijvoorbeeld omdat een moeder anders niet kan komen.

Ook wanneer een verpleegkundige op huisbezoek gaat, zullen daarvoor faciliteiten moeten zijn, bijvoorbeeld op het gebied van vervoer en reistijd, maar ook wat betreft de bereikbaarheid van collega's.

Een flexibele regeling voor de tijd die eraan besteed wordt is nodig om de gesprekken met ouders zo ontspannen en helder mogelijk te kunnen voeren. Niets is zo dodelijk voor een gesprek als iemand die voortdurend de klok in de gaten moet houden. Meestal levert een gesprek van een uur voldoende informatie en discussie op. In verband met de concentratie en de gezinssituatie heeft langer doorgaan vaak ook weinig zin.

TIJD RESERVEREN VOOR OVERLEG EN SAMENWERKING

Hoe logisch het ook mag klinken, het voorkomen van kindermishandeling vraagt tijd voor overleg en samenwerking tussen verschillende mensen: tussen arts en verpleegkundige en tussen arts of verpleegkundige met collega's of met het AMK. Die tijd moet ingecalculeerd worden, hoe moeilijk het ook is om van tevoren te bepalen hoeveel tijd met een specifieke zaak gemoeid is. De aandacht voor het voorkomen van kindermishandeling mag niet ten koste gaan van andere zaken, maar vraagt soms wel tijdelijk voorrang wat betreft tijd en aandacht. Teamgenoten en andere collega's kunnen daarvoor vaak wel begrip opbrengen zolang ze maar op de hoogte zijn van de ernst van de zaak en de ontwikkelingen en zo nodig elkaar kunnen steunen.

INTERVISIE EN SUPERVISIE GEVEN

De confrontatie met zorgelijke opvoedingssituaties en de groeiende professionele betrokkenheid bij ouders en kinderen die daaronder lijden, kosten werkers in de jeugdgezondheidszorg vaak veel energie. Om hun hart te luchten, feedback te krijgen en gemotiveerd te blijven, zijn vormen van intervisie en supervisie onmisbaar. Vaak krijgen steeds andere mensen binnen de organisatie met moeilijke opvoedingssituaties te maken en duurt het lang voordat individuele personen veel ervaring opbouwen in het voeren van gesprekken met ouders. Dat is reden te meer om te zorgen voor permanent beschikbare vormen van intervisie en supervisie binnen de organisatie, waarvan verschillende medewerkers gebruik kunnen maken.

GESPREKSVOERING TRAINEN

Gespreksvaardigheden zijn alleen te leren door ze regelmatig te oefenen en in werksituaties toe te passen. Een van de voorwaarden voor het voeren van gesprekken met ouders is daarom een investering in gespreksvaardigheden, die overigens ook in andere situaties, zoals bijvoorbeeld 'slechtnieuwsgesprekken' van pas kunnen komen.

Een gebruikelijke manier om medewerkers voor te bereiden of bij te scholen op het gebied van gespreksvoering is ze trainingen op dit gebied te laten volgen. Dit kan zowel intern als extern gebeuren. Een nadeel van incidentele trainingen is echter dat de informatie vaak niet goed beklijft en dat de vaardigheden in de praktijk snel verwateren. Idealiter wordt de training daarom geïntegreerd in andere gezamenlijke activiteiten van een team zoals intervisie of supervisie, en worden de gespreksvaardigheden regelmatig geoefend, bijvoorbeeld in de vorm van een rollenspel ter voorbereiding op een moeilijk gesprek of met behulp van videoregistratie.

Training of cursus kiezen

Achter in deze publicatie wordt een deel van het bestaande cursus- en trainingsaanbod nader beschreven. Maar door welke criteria kan een organisatie zich laten leiden bij een keuze uit dit aanbod? Ook al kunnen er ideologische overwegingen in meespelen, het is toch vooral een kwestie van het juiste middel kiezen bij het doel, de behoeften en de sfeer van de organisatie en de betrokken personen.

Wie zich wil verdiepen in de oorzaken en signalen van kindermishandeling en wil weten wat een protocol op dat gebied inhoudt, kan gebruikmaken van het trainingsaanbod van daarin gespecialiseerde organisaties. Wanneer het vooral gaat om het verbeteren van vaardigheden op basis van concrete eigen ervaringen, is een praktische training, al dan niet met de inzet van acteurs of met gebruik van video, geschikt. Als er naast het oefenen van vaardigheden ook behoefte is aan het vergroten van deskundigheid en het werken aan de persoonlijke attitude, ligt een persoonlijker vorm van bijscholing voor de hand.

CONSULTATIEMOGELIJKHEDEN SCHEPPEN

Op het gebied van kindermishandeling bestaat voor iedereen de mogelijkheid een Advies- en Meldpunt Kindermishandeling raad te vragen, ook wanneer het om vermoedens gaat. Toch is het raadzaam om vanuit een organisatie voor jeugdgezondheidszorg afspraken te maken met collega's of derden die geconsulteerd kunnen worden over opvoedingskwesties. Sommige thuiszorgorganisaties hebben zelf een pedagoog in dienst bij wie iedereen met vragen terechtkan. In andere gevallen vindt reguliere consultatie plaats met een ervaren opvoedkundige die in dienst is van een andere instelling. Daarnaast zijn er organisaties die een intern consultatieteam of een speciale aandachtsfunctionaris hebben voor het bespreken van vermoedens van kindermishandeling. Al deze oplossingen vragen weliswaar een financiële investering, maar leveren ook duidelijke voordelen op. De arts of verpleegkundige kan ruggespraak houden met een deskundige die op zijn beurt op grond van praktijksignalen het aanbod op het gebied van opvoedingsondersteuning of omgaan met vermoedens van kindermishandeling kan aanpassen aan de behoeften.

SOCIALE KAART GEBRUIKEN

Wat voor ouders geldt, is ook van toepassing op de organisaties waarmee zij te maken hebben: ze doen er goed aan gebruik te maken van de mogelijkheden in hun eigen omgeving om ondersteuning te krijgen. Voor organisaties betekent dit op de eerste plaats dat ze een goede sociale kaart maken en bijhouden en dat ze er gebruik van maken als een bepaalde kwestie buiten hun competentie valt of als zij zelf niet in een belangrijke behoefte van ouders kunnen voorzien. Waar het om gaat is te voorkomen dat de jeugdgezondheidszorg het wiel weer probeert uit te vinden of de mogelijkheden van organisaties en instellingen in de omgeving onbenut laat. Misschien kunnen moeders die in een isolement zijn geraakt geholpen worden met een *Moeders Informeren Moeders (MIM)*-programma, of is er een vorm van kinderopvang beschikbaar die de druk van de ketel kan halen.

Met behulp van de sociale kaart kan een organisatie ook aan relaties laten weten wat zij zelf te bieden heeft op het gebied van opvoedingsondersteuning en zo nodig een netwerk of een buurtoverleg starten.

Het maken, bijhouden en benutten van een sociale kaart kost tijd en moeite, maar is een belangrijke voorwaarde om een goed beeld te krijgen van de omgeving waarin de opvoedingsproblemen zich afspelen en van de krachten die te mobiliseren zijn bij het voorkomen en bestrijden daarvan.

5   Cursus- en trainingsaanbod

Het aanbod op het gebied van training en deskundigheidsbevordering dat relevant is in verband met het voorkomen van kindermishandeling is gevarieerd te noemen. Hierna komen zeven verschillende vormen aan de orde waarmee de afgelopen jaren ervaring is opgedaan.

Voor nadere informatie over deze trainingen en cursussen kan contact worden opgenomen met de instellingen op de genoemde adressen.

PREVENTIETEAMS KINDERMISHANDELING

In vijftien regio's in ons land zijn preventieteams kindermishandeling actief. Die bestaan uit preventiewerkers en voorlichters op het gebied van kindermishandeling. Deze regionale teams verzorgen, op aanvraag, een divers aanbod aan bijeenkomsten, waaronder:

- eenmalige voorlichtingsbijeenkomsten waarin informatie over verschillende aspecten van kindermishandeling wordt gegeven;
- cursussen en trainingen van meerdere dagdelen waarin aandacht wordt besteed aan vaardigheden en attitude betreffende signaleren en gespreksvoering. Het aanbod kan in overleg op maat gemaakt worden;
- workshops, lezingen en studiedagen;
- ouderavonden.

Verder bieden de teams ondersteuning bij de ontwikkeling van instellingsbeleid op het terrein van preventie van kindermishandeling, zoals het opstellen van protocollen. Deze cursussen of trainingen kunnen tevens een manier zijn om de samenwerking met het AMK in de regio te intensiveren.

De teams zijn ondergebracht bij uiteenlopende instellingen op het gebied van jeugdzorg en jeugdhulpverlening, waaronder AMK, Stichting voor Opvoedingsondersteuning en GGD.

Voor meer informatie
Over mogelijkheden en kosten kunt u contact opnemen met het preventie-team in uw regio.
Voor adressen kunt u terecht bij:
NIZW Jeugd / Expertisecentrum Kindermishandeling
Postbus 19152
3501 DD Utrecht
infolijn (030) 230 65 64
fax (030) 231 96 41
e-mail kindermishandeling@nizw.nl
internet www.kindermishandeling.info

WILDE KASTANJE: GESPREKKEN ROND BELADEN ONDERWERPEN

Trainersgroep Wilde Kastanje is gespecialiseerd in het trainen van beroeps-krachten in gespreksvoering bij emotioneel beladen onderwerpen zoals kindermishandeling.
In de trainingen zetten de acteurs, die ook trainer zijn, levensechte situaties neer waarin verschillende aspecten van het voeren van gesprekken en de mogelijke valkuilen aan bod komen. Rond het signaleren en hulpverle-nen bij kindermishandeling zijn meerdere casussen ontwikkeld die zijn toegesneden op de jeugdgezondheidszorg en andere beroepsgroepen. Belangrijk aandachtspunt is het confronteren met behoud van de relatie. De training van Wilde Kastanje kan worden opgenomen als dagdeel in een groter geheel, bijvoorbeeld een cursus waarin ook meer informatieve en organisatorische aspecten aan bod komen. Ook verzorgt Wilde Kastanje trajecten van meerdere bijeenkomsten waarin aan de hand van leervragen en praktijkervaringen van deelnemers wordt gewerkt.

Voor meer informatie
Trainersgroep Wilde Kastanje
Olga ten Hove
Transvaalstraat 59
8917 CH Leeuwarden

telefoon (058) 213 01 01
fax (058) 216 57 88
e-mail info@wildekastanje.nl
internet www.wildekastanje.nl

VIDEO ALS MIDDEL: DE BEELDEN LATEN SPREKEN

Op een aantal plaatsen binnen de jeugdgezondheidszorg wordt video als hulpmiddel gebruikt om gesprekken met ouders over beladen onderwerpen te oefenen en te analyseren.

Video-training-on-the-job is een vorm van bijscholing waarbij het consult-voeren van medewerkers van consultatiebureaus wordt vastgelegd op video. Vervolgens worden de beelden geanalyseerd, aan de hand van een zogeheten bejegeningsstandaard, op begrippen als vraaggericht werken en partner-schap. De trainer geeft feedback op lichaamstaal en gespreks- en interven-tietechnieken. Ook de signalering en het bespreken van mishandeling of verwaarlozing kan hierbij aan de orde komen en krijgt zo een structurele inbedding in het consult. Kenmerkend voor deze aanpak is dat gewerkt wordt met materiaal uit de eigen werksituatie, waardoor leereffecten direct toepasbaar zijn in de praktijk.

Een andere vorm van videogebruik op het consultatiebureau is Video-Interactie Begeleiding. Deze vorm van begeleiding is afgeleid van Videoho-metraining en is gericht op het genuanceerd en gedetailleerd bekijken van de communicatie tussen beroepskracht en ouder en tussen ouder en kind. Met behulp van opnames van gesprekken kan het inzicht in eigen commu-nicatieve vaardigheden worden vergroot. Bovendien kan door het gebruik van video een beter beeld worden verkregen van de omgang tussen ouder en kind, wat kan leiden tot meer deskundigheid van de beroepskracht op het gebied van signalering.

Voor meer informatie
Video-training-on-the-job:
Luud Muller
Centrum voor Advies en Training
Postelstraat 16
5066 EA Moergestel
telefoon 06 5171 1571
e-mail luudmuller@home.nl

Video-Interactie Begeleiding:
Kim Dierckx
Zuidzorg
telefoon (040) 294 99 49

HET GEBINT: TRAININGEN DESKUNDIGHEIDSBEVORDERING

Het Gebint biedt trainingen deskundigheidsbevordering van drie tot vier dagdelen aan. Naast het signaleren van kindermishandeling ligt het accent op de persoonlijke houding van de deelnemers tegenover de problematiek. Er wordt gewerkt op basis van eigen praktijkervaringen van de deelnemers. Uitgangspunt is hoe je als beroepskracht maximale betrokkenheid kunt tonen zonder zelf emotioneel verstrikt te raken in de situatie. Eén dagdeel wordt besteed aan het oefenen van lastige gesprekken met ouders en kinderen. Daarvoor wordt met een acteur gewerkt. Het bewust toepassen van eigen lichaamstaal en het kunnen lezen van de lichaamstaal van de ander is een belangrijk onderdeel van het oefenen met de acteur.

Voor meer informatie
Peter Naaktgeboren
Kampsweg 38
9418 PG Wijster
telefoon 06 2328 2355
e-mail peter@hetgebint.nl

EXCELLENTE ZORG VOOR OUDER EN KIND: OPLEIDING, BIJSCHOLING EN SUPERVISIE

De docenten van de cursus Excellente zorg voor Ouder en Kind gaan ervan uit dat de persoonlijke ontwikkeling van zorgverleners de basis vormt voor kwaliteitsverbetering van hun werk. Centraal in deze deeltijdopleiding staat het bevorderen van de autonomie van ouder en kind. Deze opleiding is bedoeld voor mensen met minstens drie jaar werkervaring in de sector. Er wordt gewerkt in groepen van maximaal veertien personen en in verschillende vormen; van een tweedaagse training tot supervisiebijeenkomsten en videotrainingen gespreksvaardigheid.

Daarnaast geven de docenten 'op maat' bijscholing of supervisie over het thema 'omgaan met geweld en agressie'.

Voor meer informatie
Frouwke Ipema MSc. (analytisch therapeut)
telefoon (010) 456 88 61
e-mail fr.ipema@wxs.nl
Drs. Frans A. Vreeburg (psycholoog NIP)
telefoon (0252) 42 16 46
e-mail vreepart@wxs.nl

PEDAGOGISCH ADVISEREN (POST-HBO)

Voor beroepskrachten die in hun werk te maken hebben met individuele ondersteuning van ouders met opvoedingsvragen en -problemen is er een post-hbo cursus Pedagogisch Adviseren. Dat kan zijn bij een consultatiebureau voor de jeugdgezondheidszorg of bij voorzieningen als een opvoedingssteunpunt of pedagogisch spreekuur. De cursus is een samenwerkingsproject van het NIZW, de Educatieve Faculteit Amsterdam en Fontys Hogescholen in Eindhoven. De cursus bestaat uit acht dagdelen, en richt zich naast kennisoverdracht vooral op het trainen van vaardigheden voor adviesgesprekken met ouders. De cursus volgt de lijn van het methodiekboek Over opvoeden gesproken van G. Blokland en bevat onder meer de verplichting om tweemaal een video-opame van een adviesgesprek met ouders/opvoeders te maken en binnen de cursus in te brengen. Een hbo-vooropleiding en enige ervaring op het gebied van opvoedingsondersteuning zijn vereist. De cursus wordt gegeven bij de hogescholen in Amsterdam en Eindhoven.

Voor meer informatie
Geraldien Blokland
NIZW Jeugd, afdeling Ondersteuning en Preventie
Postbus 19152
3501 DD Utrecht
telefoon (030) 230 64 06
e-mail g.blokland@nizw.nl

VRAAGGERICHT WERKEN AAN OPVOEDINGSONDERSTEUNING IN DE JEUGDGEZONDHEIDSZORG

Verpleegkundigen en artsen in de jeugdgezondheidszorg staan voor de opgave om taken als opvoedingsondersteuning en gezondheidsvoorlichting steeds meer vraaggericht in te vullen. Ouders zoeken op het consultatie-bureau of bij een huisbezoek een persoonlijk advies en individuele onder-steuning en informatie, toegesneden op hun situatie. In samenwerking met professionals in de jeugdgezondheidszorg heeft het NIZW een training ontwikkeld die de praktische noodzaak om ouders effectief te ondersteunen koppelt aan vraaggericht werken.

Het doel van de training is de professionele basishouding van vraaggericht werkende adviseurs te versterken. Deelnemers leren om aan te sluiten bij de leefwereld van ouders en hen in staat te stellen te verwoorden wat hun behoeften zijn. Autonomie van ouders en wederkerigheid tussen ouder en professional staan hierbij centraal.

Voor meer informatie

Petra Stienstra
NIZW Opleiding, Training en Advies
Postbus 19152
3501 DD Utrecht
telefoon (030) 230 65 07
e-mail p.stienstra@nizw.nl

Gebruikte literatuur

Baartman, H.E.M.
*Opvoeden kan zeer doen. Over oorzaken van kindermishandeling,
hulpverlening en preventie.* Utrecht: Uitgeverij SWP, 1996

Baeten, P., I. ten Berge e.a.
*Jonge kinderen in de knel. De aanpak van kindermishandeling bij 0- tot
4-jarigen onderzocht.* Utrecht: NIZW, 2001

Blokland, G.
Over opvoeden gesproken. Methodiekboek pedagogisch adviseren. Utrecht:
NIZW, 1996

Briër, H. en P. Kooij
Openheid (I). *Tijdschrift Jeugdgezondheidszorg,* jrg. 30, p. 3-5, 1998

Burggraaf-Huiskes, M.
Opvoedingsondersteuning als bijzondere vorm van preventie. Muiderberg:
Coutinho, 1999

Caris, J.
*Laten praten. Een onderzoek naar opvoedingsondersteuning op het consultatie-
bureau.* Utrecht: Uitgeverij SWP, 1997

Hellinckx, W., H. Grietens e.a.
Risico op kindermishandeling? Een preventieve aanpak. Leuven/Leusden:
Acco, 2001

Hove, O. ten
Confronteren met behoud van relatie. Gespreksvoering met ouders bij een
vermoeden van kindermishandeling. *Tijdschrift over Kindermishandeling*,
jrg. 15, nr. 4, p. 13-15, 2001

Kijlstra, M., B. Prinsen en T. Schulpen
*Kwetsbaar jong! Een quick scan van de kansen op achterstand van kinderen
van 0 tot 4 jaar in risicosituaties*. Utrecht: NIZW en Centrum voor Migratie
en Gezondheid van het Kind, 2001

Kooij, P.
Kindermishandeling. E.A. Brouwers-de Jong, R.J.F. Burgmeijer, J.A.M.
Merkx (red.) *Ouder- en Kindzorg: basisboek voor artsen*. Assen: Koninklijke
van Gorcum, 2002

Leerdam, F.J.M. van, K. Kooijman e.a.
*Systematische review naar effectieve interventies ter preventie van kindermis-
handeling*. Leiden/Utrecht: TNO Preventie en Gezondheid / NIZW, 2002

LVT / LC OKZ
*Ieder kind een kans. Stand van zaken betreffende de primaire preventie van
kindermishandeling in de jeugdgezondheidszorg voor 0-4 jarigen*. Bunnik:
Landelijke Vereniging voor Thuiszorg, 2002

Muller, L.
Opvoedingsondersteuning vanuit het consultatiebureau. L. Vandemeu-
lebroecke e.a.(red.), *Gezinspedagogiek. Deel II Opvoedingsondersteuning*.
Leuven/Apeldoorn: Garant, 2002

Prinsen, B. en W. Koch
*Vragen staat vrij. Naar een vraaggerichte opvoedingsondersteuning in de
jeugdgezondheidszorg*. Utrecht: NIZW, 2001

Prochaska, J.D. en C.C. DiClemente
The transtheoretical approach. Crossing traditionale boundaries of therapy.
Homewood, Illinois: Dow-Jones-Irwin, 1984

Schneider, C., C. Pollock en R.E. Helfer
Het interview met de ouders. M.K. Sint-van den Heuvel en J.E. Everts-
Goddard (red.), *Kindermishandeling*. Deventer: Van Loghum Slaterus, 1974

Timmers-Huigens, D.
Meer dan luisteren. Maarssen: Elsevier, 2001

Uittenboogaard, B.P. (red.), M. Buitenhuis e.a.
*Stap-voor-stap. Een stappenplan om ouders met jonge kinderen te begeleiden
bij opvoedingsvragen*. Utrecht: Uitgeverij SWP, 2000

VWS
Basistakenpakket Jeugdgezondheidszorg. Den Haag: Ministerie van VWS,
2001

Wolzak, A.
*Kindermishandeling: signaleren en handelen. Basisinformatie voor mensen die
werken met kinderen*. Utrecht: NIZW, 2001

Over de auteurs

Jolanda Keesom

is zelfstandig tekstschrijver, en heeft onder meer gepubliceerd over onderwerpen als vrijwilligerswerk, chronisch zieke ouders en hun kinderen, riskant gedrag van jongeren en kindermishandeling.

Klaas Kooijman

is medewerker van het NIZW / Expertisecentrum kindermishandeling. Hij heeft met name gepubliceerd over preventie van kindermishandeling, in het bijzonder over de rol van de jeugdgezondheidszorg daarbij.

NIZW Jeugd: voor kennis en innovatie in de jeugdsector

NIZW Jeugd is een publiek kennisinstituut dat werkt aan vernieuwing en verbetering van zorg- en welzijnspraktijken voor jeugdigen en hun opvoeders. Het beleid van NIZW Jeugd is erop gericht om professionals en beleidsmakers in de sector jeugd te informeren, te adviseren en samen met hen innovaties in de praktijk door te voeren. In beperkte mate richt NIZW Jeugd zich met zijn producten ook direct tot opvoeders en jeugdigen.

Kennisvelden
NIZW Jeugd houdt zich primair bezig met de volgende kennisvelden:

- Pedagogische kwaliteit en ontwikkelingsstimulering van het jonge kind in de kinderopvang, in voorzieningen voor voor- en vroegschoolse educatie, de brede school en het jeugdwelzijnswerk.
- Opvoedingsondersteuning in de jeugdgezondheidszorg, het gemeentelijk preventief jeugdbeleid en de (preventieve) jeugdzorg.
- Jeugdzorg: de ontwikkeling van de bureaus jeugdzorg, AMK's en de geïndiceerde zorg van instellingen voor jeugdhulpverlening, voor licht verstandelijk gehandicapte jeugdigen, jeugd-ggz, jeugdbescherming en justitiële zorg.
- Ketenzorg: de afstemming tussen onder andere onderwijs en jeugdzorg, tussen de jeugdzorg en de sector voor licht verstandelijk gehandicapte jeugdigen, tussen de lokale en regionale zorg en tussen vrijwillige, justitiële en strafrechtelijke zorg.

- Kwaliteit en effectiviteit van (algemene, preventieve en curatieve) interventies.
- Informatievoorziening over vraagstukken op het terrein van jeugdzorg en jeugdwelzijn, bijvoorbeeld met de tijdschriften *0|25*, *Perspectief*, diverse gratis e-zines en de infolijn NIZW Jeugd.

Kenniscentrum

Een onderdeel van NIZW Jeugd is het Kenniscentrum Jeugd (KCJ). Op verzoek van het ministerie van VWS geeft het KCJ vorm aan het beheer van de kennisfunctie door kennis die relevant is voor de praktijk van de jeugdsector te verzamelen, verrijken, valideren en verrijken. Het KCJ werkt samen met het Centrum Jeugdgezondheid / RIVM en ZonMw in het kader van het *VWS Kennisprogramma Jeugd*.

Producten

Het werk van NIZW Jeugd resulteert in uiteenlopende producten zoals infolijnen, websites, tijdschriften, e-zines, trendstudies, *factsheets*, databanken, diverse ontwikkelings- en onderzoeksproducten, leertrajecten, congressen en adviezen.

Meer weten?

Met vragen over NIZW Jeugd of zijn beleidsterreinen kunt u van maandag tot en met vrijdag van 9.00 tot 13.00 uur terecht bij de Infolijn van NIZW Jeugd, telefoonnummer (030) 230 65 64.
Meer informatie van en over NIZW Jeugd is te vinden op www.nizwjeugd.nl

NIZW Jeugd maakt deel uit van het Nederlands Instituut voor Zorg en Welzijn / NIZW.

Colofon

Zorgen delen
Zorgwekkende opvoedingssituaties met ouders bespreken
in de jeugdgezondheidszorg
Jolanda Keesom en Klaas Kooijman

ISBN 90 8560 035 9
NUR 847

Vormgeving omslag
Uitgeverij SWP

Vormgeving binnenwerk
Zeno

Uitgever
Paul Roosenstein

Voor informatie over overige uitgaven van Uitgeverij SWP:
Postbus 257, 1000 AG Amsterdam
Telefoon: (020) 330 72 00
Fax: (020) 330 80 40
E-mail: swp@swpbook.com
Internet: www.swpbook.com